知的障害・自閉症のある人への

行動障害
支援に役立つ
アイデア集

65例

監修：志賀 利一　著：林 大輔

中央法規

監修のことば

　初めて挑戦する仕事には戸惑いがつきものです。

　研修で仕事に関係する基礎的な知識を学んだ後でも、上司や周囲の先輩の働き方をまねながら、少しずつ仕事を覚えていくことになります。初めて知的障害や自閉症の児童や成人の支援に就く人も同様です。特に、行動障害がある人の担当になると、早く習得しなくてはならないことが非常にたくさんあります。

　先輩と同じような動きをしたつもりでも、「それじゃダメ！」「こうなった理由は○○だから……」と注意されることも多いはずです。時には、どこに注目して、どのようなポイントを押さえ、どんなタイミングで支援をしていいのかわからず、仕事を続けていく自信をなくしてしまうことがあるかもしれません。

　この本は、知的障害や自閉症の人々の支援に就いて日が浅い、療育、福祉、教育関係者にぜひ読んでもらいたい本です。日々の支援で直面する疑問や悩みを、経験豊富な著者が取り上げ、どういったところでつまずいているのかをやさしく解説し、解決のためのヒントを紹介しています。

　また、支援のコツごとに、見出し、イラスト、ポイントを整理しています。まずページをパラパラとめくり、自分にとって今必要なコツを探してください。

　本書で紹介されているコツは、著者が、支援の経験を積むことで習得したものです。しかし、その背景には長年の自閉症研究の英知の学びがあります。本書のコツを活用し、自信を深めた多くの支援者には、合わせて背景にある英知の学びも行い、自閉症に対する理解をより深めていただきたいと願います。

2020年4月

監修者　志賀 利一

はじめに

　私は、障害福祉施設の支援員として20年以上勤務してきました。入職した20年以上前と今では支援技法や考え方もずいぶん変化・発展してきました。入職当時は精神論や経験則での支援が受け継がれ、先輩の姿を見て必死に学び、技術を受け継ぐ職人のような仕事ぶりだったことを思い出します。

　今では「強度行動障害支援者養成研修」という枠組みで支援者が育成されるようになりました。そのカリキュラムの中では、自閉症・行動障害のある人を支援するために必要な知識と技術が体系化されています。必要な技法が確立され、何を学ぶべきかはっきりしたことは、その後の支援者にとって大きな参考となり、精神論や経験則に頼らず効率的に支援者を育成できるようになりました。その技法を身につけることは、支援者としての大前提です。

　とはいえ、実際の支援現場では、研修で身につけた知識、技法だけでは乗り切れない不測の事態が起こります。その事態が起こらないような十分な準備・心構え、とっさの判断力・行動力も求められます。こうした場面で、経験則や多くのケースから学んで積み上げた「コツ」が役立つ場面も数多くあります。本書は、筆者の経験から積み上げた数々の「コツ」をアイデア集として紹介したものです。

　体系化された知識、技法を学び続けるとともに、支援初心者であっても、経験が不足していても、本書の「コツ」を知り、考え、自分の支援する利用者にアレンジして実践してみることができ、臨機応変な対応のできる支援者になれることを願っています。

　本書の企画・製作にあたり、監修していただいた志賀利一先生、中央法規出版の平林敦史さん、編集工房まるの西村舞由子さんにご尽力いただきました。みなさまのご配慮のおかげでこの本ができあがりました。深く感謝いたします。

2020年4月

著者　林 大輔

v

本書のつかいかた

まずはココから →

第1章 支援の心構えと準備

第1節 支援の心構え

支援の大原則の視点と注意点、ポジティブな支援の姿勢についての説明です。本書のコツやテクニックを実践する前に、まずは本節をお読みください。

方法別 ↓

第2章 環境設定のコツ

第1節 場所活用のコツ
限られた施設の空間をうまく使うことで、支援がやりやすくなります。

第2節 位置取りのコツ
支援者がどのような位置にいるかで、支援の成否が決まります。

第3節 誘導・移動のコツ
利用者が自立的に動くことを目指した誘導・移動支援を説明します。

第4節 パニック予防のコツ
パニックをできるだけ引き起こさない、予防的な環境設定の支援を説明します。

第3章 かかわり方のコツ

第1節 支援者がする「表現」のコツ
支援者の表情や行動が利用者にも大きく影響することを知っておきましょう。

第2節 特性を活かした支援のコツ
障害特性も、とらえ方を変えれば長所として活かせるヒントになります。

第3節 「単位」を支援に活かすコツ
利用者固有の生活のリズム（単位）のとらえ方を知り、暮らしやすく支援します。

第4節 パニック対応のコツ
予防しても起きてしまうパニックに、どう対応すればよいのかを解説します。

基本

このマークのあるページの内容は、支援の基本中の基本で、他の全ての支援ノウハウにおいて忘れてはいけない姿勢が示されています。まずはこのページから読み、実践してみるとよいでしょう。

本書では主に、知的障害・自閉症・行動障害のある人の支援に就いて日の浅い支援者を対象に、支援の目的に基づいた実践のコツやテクニックをお伝えします。
以下のような構成になっているので、実践したい目的・シーンから試してみましょう。

第2節
支援の下準備

支援者が準備しておきたい物や服装などを具体的に紹介します。実際の支援現場に入る前に読んでおくと便利です。

↓ 日課別

第4章

日課別の支援のコツ

施設での一日。各シーンでどのように支援すればスムーズかなどのコツを解説します。

- □ 準備・朝のスタッフミーティング
- □ 利用者到着・家族とのやりとり
- □ 朝礼・はじまりの会
- □ 作業活動・机に向かって手作業する時間
- □ 受託作業を意識した自立課題の時間
- □ 療育活動としての自立課題の時間
- □ 余暇活動としての自立課題の時間
- □ 車に乗る外出活動
- □ 散歩等の外出活動
- □ 昼食の時間
- □ 昼休憩等の時間
- □ 療育活動の時間
- □ 外出先での飲食活動
- □ レジャー・宿泊施設での活動
- □ 掃除の活動
- □ 翌日の準備とスタッフミーティング

目次

監修のことば ——————————————————————————————— iii

はじめに ——————————————————————————————————— v

本書のつかいかた ——————————————————————————— vi

［第1章］ 支援の心構えと準備　　　　　　　　　　　　　1

第1節　支援の心構え

☼ 自立に向けた支援　自尊心を守る支援を —————————————— 2

☼ 根拠のある支援方法を用いたチーム支援実践のために ——————— 4

☼ 同時進行は苦手、一点集中が得意　気持ちと行動を一致させる ——— 6

　「選択する経験」を積んでもらおう ————————————————— 8

　成功体験を積み重ねポジティブな毎日を作り出そう ——————— 10

　緊急時も笑顔　周囲に配慮できるスマートな支援 ——————— 12

☼ 行動障害支援は究極の「知的作業」！ ————————————— 14

　《参考》氷山モデルシート／ABC分析シート ——————————— 16

第2節　支援の下準備

　支援者必携7つ道具！① 　機能的なペンを使いこなそう —————— 17

　支援者必携7つ道具！② 　手帳を使いこなそう ——————————— 18

　支援者必携7つ道具！③ 　スマートフォンを活用しよう —————— 19

　支援者必携7つ道具！④ 　走りやすく踏ん張りやすい靴を履こう —— 20

　支援者必携7つ道具！⑤ 　緊急時にも役立つグローブを使おう ——— 21

　支援者必携7つ道具！⑥ 　全支援者が時計を同時刻に合わせよう —— 22

　支援者必携7つ道具！⑦ 　機能的なバッグを持ち歩こう —————— 23

　支援者必携7つ道具! +α 　支援にあるとさらに便利なツール ——— 24

[第2章] 環境設定のコツ　　25

第1節　場所活用のコツ

☀ 広くて開放的な空間≠快適空間 ——————————————— 26

　動き回るのが好きな人でも　動きやすい環境設定は「危険」————— 28

☀ 刺激から逃れて落ち着くための「1人になれる空間」を作ろう ——— 30

　部屋のコーナーを上手に活用して　利用者固有のスペースを作ろう —— 32

　長方形の空間を作ると構造化しやすい ———————————— 34

　「場面転換」「場所と活動の一対一対応」で「するべきこと」を伝える — 36

　固定された機器・移動できる機器を使い分けよう ——————— 38

第2節　位置取りのコツ

☀ 「見守り支援」の適切な距離感とは? ——————————— 40

　自分の視野角を把握し「見守れる範囲」を知ろう ——————— 42

　衝動的行動がある人への支援　適切な「位置取り」とは? ———— 44

　食事介助時のより良い見守り位置・配置とは? ———————— 46

第3節　誘導・移動のコツ

　移動で気が散りやすい　忘れっぽい人には「リマインダー」を ——— 48

　散歩やドライブには「目的」をもたせよう ——————————— 50

　拒否されにくい身体誘導のコツ ————————————— 52

　移動時の身体誘導は「移動の構造化」—————————— 54

　衝動的な行動に素早く対応するための準備 ————————— 56

　雨の日こそ外出に有利!?　運動習慣と雨具使用のスキルupも —— 58

第4節　パニック予防のコツ

☀ 自傷・他害・破壊≠パニック　「パニック」を思考停止の道具にしない — 60

　支援者が作り出す「雰囲気」が　おだやかな空間を作り出す ——— 62

　成功体験の積み重ねが嫌な「フラッシュバック」を予防する ——— 64

[第3章] かかわり方のコツ　67

第1節　支援者がする「表現」のコツ

支援者のしぐさや表情　その全てが伝わっている ——— 68

☀ 肯定的な言い回しで不要な混乱を避ける ——— 70

直接的な声かけが苦手な人には間接的な声かけを ——— 72

過剰な要求には「人の壁」から「物理的な壁」に移行 ——— 74

支援者ごとに態度を変える人への対応は? ——— 76

時には要求に応えないことも支援の一つ ——— 78

第2節　特性を活かした支援のコツ

☀ 本人の好きな色を活かして支援する ——— 80

☀ 「秩序や反復が好き」ならその特性を生活に活かそう ——— 82

視覚優位の人には「見えなくする支援」が有効 ——— 84

☀ 視覚・聴覚の支援だけでなく五感を意識した支援を ——— 86

特性を把握しオーダーメードの「自立課題」で支援を ——— 88

第3節　「単位」を支援に活かすコツ

ちょっと待つ時間に活用　どこでも使える「10秒ルール」 ——— 90

☀ スケジュール提示は適切な量と中身で ——— 92

「時間で行動を区切ること」を支援者が押しつけない ——— 94

活動の単位をタイマーやアラームで伝えよう ——— 96

ほめる機会を作りたいなら　支援者は「25%ルール」を意識 ——— 98

第4節　パニック対応のコツ

パニック発生!　さらなる興奮を招かない支援のコツ ——— 100

利用者がパニックでも支援者のあせりを表に出さない ——— 102

破壊行為で壊れたものを直すベストタイミングとは? ——— 104

「パニック発生パターン」があるなら「収束パターン」もできる ——— 106

緊急時こそチームプレイ　「対応の決まりごと」を作ろう ——— 108

他害や破壊などが発生した場合の家族への伝え方 ——— 110

[第4章] 日課別の支援のコツ　　113

準備・朝のスタッフミーティング ———————————————————— 114

利用者到着・家族とのやりとり ———————————————————— 116

朝礼・はじまりの会 ———————————————————————————— 118

作業活動・机に向かって手作業する時間 ————————————— 120

受託作業を意識した自立課題の時間 ————————————————— 122

療育活動としての自立課題の時間 —————————————————— 124

余暇活動としての自立課題の時間 —————————————————— 126

車に乗る外出活動 ———————————————————————————— 128

散歩等の外出活動 ———————————————————————————— 130

昼食の時間 ——————————————————————————————— 132

昼休憩等の時間 ————————————————————————————— 134

療育活動の時間 ————————————————————————————— 136

外出先での飲食活動 —————————————————————————— 138

レジャー・宿泊施設での活動 ———————————————————— 140

掃除の活動 ——————————————————————————————— 142

翌日の準備とスタッフミーティング ———————————————— 144

[コラム]

ABA（応用行動分析）による行動機能分析 —————————————— 66

「ごほうび」は是か非か ——————————————————————— 91

介入は「プロンプトレベル」を意識しよう ————————————— 112

第1章

支援の
心構えと準備

第1節　支援の心構え
第2節　支援の下準備

自立に向けた支援
自尊心を守る支援を

万能な支援はない
だから「考える支援者」を目指す

　これから本書で説明する支援の「コツ」は、自閉症・行動障害のある人が起こす可能性のある、さまざまな行動に対応するものです。

　もちろん、目の前で人が叩かれていたり、今にも自傷がはじまりそう、この後ガラスを割りそうなど、危険や事態悪化の予兆を感じる時は、この後に紹介するような支援の現場で使えるテクニックやコツを用いて介入する必要があります。しかし、「○○障害」とひとくちにいっても、特性は各自で異なり、本来、全ての人に共通して効果のある万能な支援はありません。

　本書は、現場経験の長い筆者の経験から、実際に効果が高いと思われるコツを紹介しています。ただし、本書のテクニックを用いる場合は、その人に合った必要な支援なのかどうか、あなたとそのチームの支援者が検討し、試行錯誤してください。その過程こそが重要なのです。

「うまくいった」で慢心せず 大原則の視点で向上し続けよう

　本書の支援のコツは、支援初心者の皆さんが現場にスムーズになじんでいくためのヒントとして提供するものですが、本書のテクニックを用いてその場の困難をそれなりに対処することができても、決して満足しないでください。

　支援者が目指すべきは、利用者の自立の促進と、自尊心を守ること。これが大原則です。本書の内容も原則としてその視点が基本となっていますが、当座うまくいったことで、こうした大原則の視点を忘れてしまうことは避けなければなりません。「行動障害がはじまっても、コツを使えば解決できるから大丈夫」と行動障害のはじまりを放置したり、「困った行動・してほしくない行動をいかに止めるか」と、行動障害を防ぐことだけに視点が偏っては本末転倒です。

　行動障害に至る前の段階から利用者を見つめ、「行動障害」を起こさずに利用者が自分らしさを発揮し、自分の意思で動き、満足感を得ることができるような支援とは何かを、常に考え続ける支援者を目指しましょう。

根拠のある支援方法を用いたチーム支援実践のために

根拠のある支援のためには最新理論のシェアが大原則

　現在、自閉症・行動障害のある人の支援現場では、その方法や結果をさまざまな角度から多くの人が検証し、有効であると認められた「根拠のある支援方法」を用いることが必須であるといわれています。本書でも採用されているTEACCH[※1]による「構造化」やABA[※2]による「介入」がそれにあたります。自閉症・行動障害のある人を支援するプロフェッショナルとして、自分の経験則だけで支援するのは危険だということを忘れず、こうした検証された知識・理論を学び続ける必要があります。そのための理論関連書籍は多く、研修会も各地で開催されています。ぜひ知識や技術を更新し続けてください。

　さらに、自閉症・行動障害のある人にはチームで支援を行うのが原則です。一人の支援者が根拠のある方法に精通していても、チームの共通理解でなければ、根拠のある支援の実践は不可能で、学ぶ意味も激減してしまいます。学んだ知識・理論は、積極的にチームにシェアする姿勢を忘れないでおきましょう。

※1　米国のノースカロライナ州立大学を中心に、自閉症の人とその家族や関係者などを対象とした包括的なプログラム
※2　応用行動分析

チーム支援と雰囲気向上のために　　あなたができること

　そのためには、事業所の雰囲気として、「支援者はブラッシュアップし続けるべきだ」という考え方と、トレーニングのための習慣が必要です。そうした基礎知識を向上させる研修に職員を参加させたり、外部からのコンサルテーションを受ける制度や習慣が事業所にあることが望ましいでしょう。仮に研修への参加者が一人でも、学んできた支援者が他の支援者にその内容を伝え、チーム内で勉強会を行いたいといったことなら、支援初心者の皆さんからも提案できそうです。

　また、根拠のある支援方法には、チームで事例検討できるツール（情報整理のためのシートなど。P16参照）もあります。これらを使って検討することも、根拠ある支援につながります。チームの「共通言語」を作り出す道具として使ってみたいと呼びかけることもできるでしょう。

　このように、あなたなりに事業所内の知識と技術のシェアを続けていれば、支援はより的確で、かつあなたにとっても楽しく、やりがいのあるものとなるでしょう。

同時進行は苦手、一点集中が得意
気持ちと行動を一致させる

私たちは、別のことを考えながらでも、単純作業なら手を動かすことができます。
自閉症・行動障害のある人はそれが苦手なことが多いので、
行動を促す場合は頭の中も切り替えてあげましょう。

こんな人に
こんな場合に

・作業の時間にすぐ手が止まってしまう人に
・活動中に話し出すと、手が止まり活動に戻れない人に
・注意散漫で、集中するのに時間がかかる人に

気持ちと行動を一致させる
環境調整が必要

作業などの活動中に突然利用者の手が止まって話し出したり、目に入ったものに向かって行ってしまったという経験のある支援者も多いでしょう。活動に戻ってもらおうと声かけをしても戻らず、頭が切り替わるまで多くの時間を使うこともよくみられます。
私たちは、「家に帰ったら何を食べよう？」などと考え

ながら活動を継続することができますが、自閉症・行動障害のある人は気持ちと活動を一致させる配慮が必要です。外部刺激で注意が散漫になることが多いので、その人にとって過剰な刺激（物音・人の気配・空間の広さなど）を適切なレベルに調整する環境の構造化は有効な支援手段です。活動場所を再検討したり、必要に応じてパーテーション、イヤーマフ（騒音を塞ぐ耳当て）といった支援ツールを使うことで、気持ちよく活動に集中することができます。

うまくいかなかったら

環境を調整しても注意散漫になり
手元に意識が向かない

環境設定をして、手元に集中できる状況でもうまくいかない場合は、活動内容も見直してみましょう。

自閉症・行動障害のある人はおおむね体力もあり、好きなことなら長時間集中力が続く場合もあります。その印象が強いと、大きすぎる課題や活動を支援者が予定してしまうことも少なくありません。

取り組む課題や活動の難易度、量、時間の長さ、時間帯といった要素が本人に合っているかどうかという視点で再アセスメントします。課題1つだけ、1分間だけなど、スモールステップで徐々に伸ばしていくほうがよい人も多いでしょう。

> **POINT** 課題や活動の要求水準が高すぎないか再点検を

たくと大府の実践例

作業中のフラッシュバックに
「待つ」支援

著者が勤務する「たくと大府」（以下、本施設）に、活動中も突然フラッシュバック※が起こり手が止まってしまう人がいます。この人の場合は、良い思い出をフラッシュバックするのでニコニコしています。その最中は手も止まり、声かけしても変わりません。

この人は日頃から10分程度で喜びや悲しみ、怒りが突然切り替わることがあります。そのため、10分程度は声かけ・促し等を一切せず待つことにしています。気持ちが切り替わった時は、表情や発する言葉の強さも変わるので支援者もすぐに気づきます。そのタイミングが来たら簡単な声かけで今するべきことを思い出してくれるので、元の活動に戻ることができます。

※フラッシュバック：良い記憶、悪い記憶に関係なく、自分でコントロールできず
　突然思い浮かんでしまい、笑ったり怒ったり悲しんだりする症状です。

「選択する経験」を
積んでもらおう

障害のある人の「自己決定」「選択の自由」は重要ですが、
実践現場、特に施設ではそうした機会は少ないといわれることがあります。
しかし、支援の工夫次第で、選択する機会はあふれているのです。

どっちが
いい？

こんな人に
こんな場合に

・自分で決定する経験が少ない人に
・活動の選択肢が複数ある場合に
・支援者が身の周りのことを決めようとしている場合に

日常生活場面で
「選ぶ」トレーニングをしよう

近年、構造化の普及により、本人が環境から意味を受け取るコミュニケーションは伝わりやすくなりました。しかし、本人が意思を適切に表出するコミュニケーションまでは支援しきれていない施設も多いでしょう。まずは、本人が好きな物を選ぶ、嫌いなものを避ける練習を始めましょう。「選んで

もらう機会」は作ることができます。例えばおやつの時間などで、本人の好きな物がわかっていても、支援者は「好きな物」と「その他の物」を提示します。本人は「好きな物」を選ぶことで、「私は他の物ではなく『好きな物』を選べる」と学習できます。反対に、「嫌いな物」と「その他の物」を提示し、投げる、叫ぶなどの不適切な意思表示でなく、「別の場所に置く」などの動作で「嫌いな物の避け方」を学ぶことができます。

うまくいかなかったら

好きな物以外を選んで
怒り出す場合

これまで「選択する」という経験が少ない人は、「自分がどう行動したら『選ぶ』ことになるのか」がわからないことがあります。そのため、選びたくないほうを指さしたり取ってしまうことも考えられます。

その場合は、「間違って選んだほう」を渡します。怒り出したりする場合は、支援者が「これじゃないのね?」と戻して、選択し直してもらいます。

指をさしたり取ったりしたほうを渡すことを繰り返しているうちに、好きなほうを選んで得心するというトライ&エラーで「選択するための行動とは何か」を学んでもらいましょう。

POINT 「選択するための行動」を
繰り返して学んでもらう

たくと大府の実践例

日課の作業内容を
「自己選択」してもらう支援

物だけでなく、日課などの行動も自分で選べることを学んでもらうのもよいでしょう。明らかに好きな日課がわかっている時こそ、「選択」を練習するチャンスです。

本施設には、特定の作業がとても好きな人がいます。本来、作業時間の内容は自分で選んでよいのですが、気の利いた支援者は本人の好きな作業を用意してしまうでしょう。しかし、本施設では、わかっていてもあえて他の作業も提示しています。本人は好きな作業を選びますが、自分で選んだ作業が手元に届くため、モチベーションも上がります。また、この経験を積み重ねることで、他の場面でも選ぶ意識がわいてくることを期待しています。

成功体験を積み重ね
ポジティブな毎日を作り出そう

自閉症・行動障害のある人は、思いもよらない行動に出る場合があります。
適切な支援で、どんな行動も結果的に「うまくいった」「できた」と感じてもらい、
成功経験を積んでもらえるようにしましょう。

こんな人に こんな場合に	・フラッシュバックを起こしやすい人に ・注意・制止されることが多い人に ・自分一人で何かを成し遂げた経験の少ない人に

結果として成功にもちこみ
よい印象を残すような支援を

自閉症・行動障害のある人は長期記憶が強い傾向があり、かなり昔のことを詳細に覚えていることもあり驚かされます。それに伴いフラッシュバックも起こりやすく、怒られた・制止されたなどネガティブなフラッシュバックがあるとパニックになる可能性があります。その特性をふまえ、何事も「うまくいった」「楽しかった」という記憶を残してもらうことを心がけましょう。支援者は、改善点を指摘しつつも、適切な誘導で「結果オーライ」「最後はうまくいった」という記憶を残すことができます。例えば、運動や芸術の活動で上手にできなかった場合、そのまま終わると嫌な記憶として残りますが、支援者が完遂できるように工夫・配慮することで、本人は「できた！」という良い記憶として残すことができます。

うまくいかなかったら

与えられた課題が難しく
なかなかゴールまで達しない場合

与えられた工程が複雑だったり、難易度が高すぎて
ゴールできない場合、ABAでよく用いられる以下の方
法が、シンプルながらとても有効です。

まず、課題の工程を細かく分け、どこでつまづいてい
るか分析（課題分析）します。その工程をはじめから
順に伝えたり、手伝ったりしてできるようにし、その課
題をつなげてクリアしていく（順行連鎖）のです。

一方、求められる課題の難易度が高くモチベーション
が保てない場合は、まずはゴールの1つ手前の工程ま
で支援者が仕上げ、本人は最後の工程だけでゴール
できるように準備しましょう。ゴールの楽しさがわかった
ところで、次はゴールの2つ手前、3つ手前の工程か
らはじめ、最終的に最初の工程までさかのぼってもら
い、全行程をマスターします（逆行連鎖）。

支援を③まで、②まで、①まで、と減らしていく

利用者に交代

できたね

POINT 逆行連鎖で、ゴールする
喜びを経験してもらおう

 たくと大府の実践例

成功体験のためにすぐリカバリ
カーナビのような支援を

自閉症・行動障害のある人は、衝動的な行動があ
るので、予定していた活動や期待するゴールに届か
ないことがあります。支援者は不測の事態に対応す
るために側にいるので、そうした事態に適切に、素
早く解決に導きたいものです。

例えるならすぐにリカバリを提案する「カーナビのよう
な支援」です。散歩の時に苦手な犬がいて動けなく
なっても、支援者がすぐに他の道を案内し、最低限
の遅れでゴールできれば、嫌な記憶にはなりません。
リカバリが適切であるほど、「うまくいった」結果を残
すことができます。

これは散歩だけでなく、全ての支援で共通する概念
です。たくと大府では「カーナビのような支援」を合
い言葉に、「最短の遠回り」で成功に導く支援を心
がけています。

緊急時も笑顔
周囲に配慮できるスマートな支援

外出時にパニック等の大きな行動障害が起きると、
近隣の人など周囲の目があるため支援者も慌てがちです。周囲に悪い印象を
与えないように、支援者としてとるべき態度を心得ておきましょう。

こんな人に
こんな場合に

・不特定多数の人がいる場所でパニック等が起きた場合に
・公園などで走り回ったり大声を出してしまう場合に
・外出時のパニックで場面転換できる場所がない場合に

周囲の人が受ける印象を和らげる
対応を心がける

周囲に不特定多数の人がいる状況でのパニック等は、経験のある支援者にとっても難しいものです。支援者が必死の形相で全力疾走している姿を見て、周囲の人に「緊急時にはプロも対処できない危ない状況になる」というネガティブな印象を与えかねません。

自閉症・行動障害のある人が地域に出ることは当たり前になってきましたが、世間の見方まで同じとは限りません。

緊急時は初心者もベテランも心の中は同じで、精いっぱいです。でも、表向きは笑顔で、必死さを見せない対応を心がけましょう。「たまには興奮するけど、対応すれば大丈夫なんだ」という安心感を周囲に与えることで、行動障害のある人が社会に受け入れられる素地ができていきます。

うまくいかなかったら

小さな子どものいる公園で
パニック発生
子どもがおびえてしまう場合

外出時、特に小さな子どもの多い公園でパニックが起きた場合、大人は理性で理解できても、子どもは恐怖感を感じることもあり、障害のある人へのマイナスの印象を与えかねません。子どもたちが受ける感覚的な印象へのリカバリやフォローが特に必要なのです。

このため、支援者は、興奮している人に対応しながらも笑顔で、「こういう人はパニックになっても必ず元の状態に戻る。大丈夫だ」と信じて支援する姿を見せましょう。「パニック」という現象があること、きちんと対応すれば危なくないということを、子どもたちの目の前で繰り広げられる一連の行動の中で、感覚として伝えていきたいものです。

> **POINT**
> 気持ちはいっぱいでも
> 子どもには笑顔と安心感を

 誰とどう連携する?

別の支援者が周囲の人の
不安を解消
今後も外出しやすいフォローを

外出時にパニック等が起こった時、支援者が1人ならば、本人への対応が最優先です。複数の支援者がいる場合も、通常は全員で本人の対応をします。

しかし、周囲の人がパニックの言動に驚いたり支援者が対応しきれるか不安そうにしているなど、説明が必要そうであれば、一部の支援者は「興奮する時もありますが、徐々に落ち着くので大丈夫ですよ」「支援者が対応しているので、周りの人は普段通りで大丈夫ですよ」など、安心させる言葉をかけ、周囲への説明を優先させましょう。今後の外出活動もしやすくなります。説明して周囲の人々が少し安心したら、本人対応の応援に回りましょう。

行動障害支援は
究極の「知的作業」！

自閉症・行動障害のある人への支援は「肉体労働」と思いがちです。
しかし、本人の行動を観察し、傾向を見極め、予測し、準備する、という
「知的作業」なのです！

こんな人に
こんな場合に

・衝動的な行動に対して身体で止めることが多い場合
・日頃から走ることが日常的になっている場合
・行動障害の予防よりも、事後対応が多い場合

常に考え、備えることが
自閉症・行動障害支援の鉄則

自閉症・行動障害のある人を支援していると、走ったり追いかけたりと、支援者が身体を使わざるをえない支援が日常化していることがあります。もちろんどのような準備をしても突発的な行動は起こりえますが、行動障害の多くは未然に防ぐことができます。

そのためには頭と感覚を使った準備が非常に重要です。「今この人が走り出したら自分はどう動こう」「予想もしない刺激が飛び込んできたらどんな動きをするだろうか」など、常に頭と感性をはたらかせましょう。

リスクを感じた際は、その都度予防策を練っておきましょう。そうしていると、身体を使う支援は徐々に減ってきます。その意味で、行動障害支援は非常に知的な業務といえます。

14

どんなものがあると便利？

共通理解しやすい
ツールを活用

チームで支援のアイデアを考える場合、共通した理解ができるシートを用いることをおすすめします。自閉症・行動障害支援でよく用いられるのは「氷山モデルシート」「ABC分析シート」（次ページ参照）などですが、他にも便利なシートはあり、研修等で学ぶことができます。もちろん一人で考える時でも、こうしたシートを使って考えながら進めていくと、新たな発想が生まれることも多いでしょう。

例えば、毎日決まった時間に、今日あった出来事について、上記のようなシートを用いてチームで検討するといったミーティングを、同僚と2人からでもよいので始めてみてはいかがでしょう。はじめはシートの使い方が不十分でも、多くのケースを検討することで洗練されていきます。

ホワイトボードの周りに支援者が集まり、シートを使って支援のアイデアを出し合う

 誰とどう連携する？

支援者同士で刺激し合い
支援のアイデアを高める

常に頭をはたらかせても、自分一人では今以上の支援のアイデアが浮かんでこないこともあります。そんな場合はチームで考えてみましょう。他の人のちょっとした発言や気づきから、お互いに良い案が出るかもしれません。自分の担当する利用者とかかわりの少ない支援者でも、別の視点からアドバイスをもらえる可能性があります。

支援方法やアイデアもチームで出し合い、検討し合うのがチームアプローチです。常にチームで考え、報告・連絡・相談し合える連携をとれるように、自らが率先してチームで考える習慣を作ってみましょう。

〈参考〉

●氷山モデルシート

行動の背景を探ったり、可能性のある原因を探すのに便利なシート。目の前で起こる困った行動には必ず原因があり、
その原因が障害特性など本人の特性からくるものか、環境や状況が引き起こすものかを分けて考える。

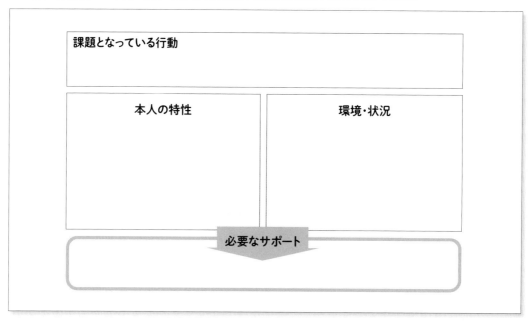

出典：特定非営利活動法人全国地域生活支援ネットワーク 監『強度行動障害支援者養成研修［基礎研修・実践研修］テキスト「行動障害のある人の「暮らし」を支える　第3版」』302項、中央法規出版、2018年

●ABC分析シート

ABAにおいてABC分析や三項随伴性と呼ばれる原理を活用したもの。行動の前後に何が起きていたか
関連を探ると、その行動の方程式が成り立つ。本施設では、機能分析という方法で行動の機能を明らかにし、
その原動力（好子・嫌子）を突き止め、行動の前後を変化させることで行動自体の変化を目指す。(使い方はP66コラム参照)

A 先行事象	B 行動	C 結果

機能分析（要求・逃避・注目・感覚）	好子・嫌子

支援者必携7つ道具！①
機能的なペンを使いこなそう

日々さまざまなことが起きる、自閉症・行動障害支援の世界。
支援者の頭の中もいっぱいになります。あれもこれも覚えきれない！という時は、
頭で覚えることに頼らず「書き残す」ことで記憶を補いましょう。

・シャープペンシル、黒・赤のボールペンなど多機能のタイプ
・何度も胸ポケットから出し入れするので、ペンのクリップ部分が金属か、樹脂製でバネがついているもの

素材提供：三菱鉛筆株式会社

こんな人に
こんな場合に
・起こったことをすぐ忘れてしまう人に
・共有すべき情報をすぐ記録したい場合に
・記録する習慣をつけたい人に

多機能型のペンを
すぐ取り出せるよう装備

支援の仕事は記録が大切です。日頃から記録をつけることを習慣にしましょう。その記録が必ず活きてくる時がやってきます。

支援現場での出来事を頭だけで記憶しようとしても限界があります。支援の現場は待ってはくれませんので、とにかくその場で「書いて残す」ことを習慣づけましょう。キーワードやポイントだけを書き残すだけでも思い出すことができます。

その際、書きたい時にすぐに取り出せる位置に機能的なペンを持っている必要があります。支援をしながら書くことになり場所も移動できないため、すぐに取り出せて、書いている内容ごとに色などを変えられる多機能型のペンが便利です。その瞬間の出来事を残しておきましょう。

支援者必携7つ道具！②
手帳を使いこなそう

手帳はスケジュール管理だけでなく、やるべきことを列挙したToDoリストや、
ちょっとした記録、メモなど、さまざまな情報を一元的に管理することができます。
これを支援にも活用しましょう。

こんな人に
こんな場合に
・記録すべき内容が多い時に
・いったん簡潔に書きとめ、後でじっくり考えたい場合に
・全ての情報を1つのツールで管理したい人に

些細なことでもメモするために
支援者の環境もより良い設定を

手帳はメモとしても情報の一元管理ツールとしても使い勝手がよいものです。ちょっとした変化や、みんなで共有したいことを一時的に記録しておくなら、ポケットに携帯してメモとして使えるもの、スケジュールや目標など多くの情報を一元管理するなら、机の上で広げて使える比較的大判のものなど、仕事のスタイルや目的に合ったものを選びましょう。

手帳やノートはかさばるので、ポケットに常にメモを入れておいてもいいでしょう。時には紙切れや手に書くこともあります。

こうして一度起きた出来事を書き残し、落ち着いた時間に考え直すと、新たなアイデアが浮かぶことがあります。重要な出来事を忘れて手つかずになるより、考えるヒントを残しておけるように、支援者の環境を設定しておくことが大切です。

支援者必携7つ道具！③
スマートフォンを活用しよう

自閉症・行動障害支援の現場でも、連携やチーム支援は重要です。
情報共有のために、スマートフォンの通話やその他の機能はぜひ活用しましょう。
「報告」「連絡」「相談」が徹底できます。

こんな人に
こんな場合に
・離れた場所で支援者同士が連絡をとる必要がある場合に
・音楽を使った支援をしたい場合に
・画像・映像を使った支援をしたい場合に

視覚・聴覚刺激の支援ツールにも
通話はプライバシーに注意を

チーム支援では常に意識したい支援者間の連携。今や誰もが持っているスマートフォンを使えば、見守りを続けながら会話ができ、効率的です。
ただし、連絡事項にはプライバシーにかかわる情報もあります。他の人に聞こえるような声で話さず小さな声で話したり、人がいるところを避けて通話したりと、通話には配慮しましょう。
また、スマートフォンで音楽を聴いたり、画像や映像を観たりできることを利用して、聴覚刺激や視覚刺激でリラックスできるタイプの人に支援ツールとして使用することもできます。次のスケジュール（日課）を画像（写真）で伝えることもでき、大変便利です。
スマートフォンを事業所内で使用する際は、事前にルールを決め、適正に使用できるよう、チームでよく相談しましょう。

支援者必携7つ道具！④
走りやすく踏ん張りやすい靴を履こう

行動障害への対応では、時に走って追いかける場面があります。
その時、支援者自身が走って追いかけることができる準備として、
走りやすい靴を選んで履いておくことも大切です。

こんな人に
こんな場合に
・屋内の活動で走る支援が想定される場合に
・屋外の活動で走る・踏ん張る支援が想定される場合に
・地面が滑りやすい・平坦でない部屋や場所の場合に

歩きやすく走りやすい靴は
自閉症・行動障害支援者の商売道具

障害支援の現場では、どんなに事前に準備をしても、予想外のことが起きることはありえます。時には衝動的な行動に対処するために走ったり、止まったり、踏ん張ったりと足を使うこともあります。サンダル等ではゆるくて脱げてしまったり、滑りやすく踏ん張りがきかなかったりします。走れないよ

うな靴では仕事になりません。業務上のけがや事故のリスクも懸念されます。

行動障害支援で適切な靴は、かかとがあるもの、できればひも靴がよいでしょう。はじめは脱ぎ履きしにくいですが、面ファスナーやゴムで調整するものより自分の足に密着し、履き慣れるとすぐに足も入るようになります。「ランニングシューズ」として売られているものが、室内でも滑りづらくお勧めです。

支援者必携7つ道具！⑤
緊急時にも役立つグローブを使おう

作業用のワークグローブは、大きくて重い物を移動させる時だけでなく、
パニック等緊急時の対応でも役に立ちます。
安全に効率のよい仕事をするのに便利です。

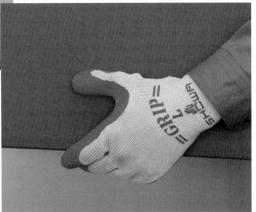

素材提供：ショーワグローブ株式会社

こんな人に
こんな場合に
・利用者が日々変わり施設内配置変更が頻繁に必要な場合に
・工場への納品など作業活動がある場合に
・他害のある人への対応が求められる場合に

ワークグローブは
自分の身を守る安心ツール

綿またはゴム製で、手のひらに滑り止めのついている丈夫なワークグローブは、軍手よりも強度や滑り止め性能にすぐれており、ホームセンター等で販売されています。作業活動の納品物等の重い物を動かしたり、毎日変わる利用者のために施設内レイアウトを日々変えるような場合に、丈夫で滑り止めのついたワークグローブで作業をすれば、手を挟んだり傷つけることなく最小限の力で迅速に作業できます。さらに、パニック等緊急時のシーンでは、利用者を直接支援することにも役立ちます。障害による他害傾向のある人は、自分の身を守ろうとする支援者の指をかんだり叩いたりしようとします。ワークグローブがあるだけで、ひるまず身を守ることができます。万が一手をかまれても、ワークグローブを外せば離れることができ、けがも軽くてすみます。

支援者必携7つ道具！⑥
全支援者が時計を同時刻に合わせよう

個別対応が重要となる自閉症・行動障害支援。支援者同士で時間を決めて
最適な支援や活動を準備するなら、全支援者の時計の時間を合わせ、
計画通りのタイミングで実践できるようにしましょう。

こんな人に
こんな場合に

・分単位のスケジュールや活動を計画している場合に
・利用者の活動動線を交差させない支援が必要な場合に
・利用者の活動のタイミングをずらした支援が必要な場合に

施設・支援者の時計を全て
同じ時刻にキープしよう

個別対応を行うと、同施設内で、各利用者が個別の時間・個別の部屋で同時に活動してもらうことになります。全員を待たせることなくスムーズに活動に入ってもらうには、各活動時間・場所・動線を意識し、「○○さんは●時に△△をはじめる」「○○分後に●●さんが××に行く」などの事前・実践中の共有・連絡は不可欠です。例えば、苦手同士である2人の利用者の動線をずらすために、移動のタイミングを1分調整する場合もあります。その時、時計の時刻設定がずれていたら、鉢合わせしてパニックを起こす可能性もありえます。

お勧めは電波時計です。施設の掛け時計や個人の腕時計も、電波時計であれば、原則調整する必要はなくなります。支援者は、数分・数秒のずれが大きなリスクを負うことを理解しておくべきです。

支援者必携7つ道具！⑦
機能的なバッグを持ち歩こう

支援者は身軽でいたいものですが、その時の支援に必要なものを持っていないと
適切な支援ができないことがあります。支援や緊急時対応に
必要な物品をコンパクトに持ち歩けるバッグはとても便利です。

リュックサック、斜めがけ
のバッグ（ワンショルダー
バッグ、ボディバッグ）、ウ
エストポーチ、サコッシュ
など

素材提供：Hallelujah Inc.

**こんな人に
こんな場合に**

・必要物品をいつでも取り出せる状態にしたい場合
・必要物品を身につけても両手が空く状態にしたい場合
・必要物品を身につけて走れる状態にしたい場合

支援をやりやすくする
機能的なバッグを見つけよう

これまでに挙げたペン・スマートフォン・グローブな
ど、支援の場面ですぐに使用したい物品や利用
者の薬（傷薬、絆創膏なども）、外出時の小銭
などを使うたびに、いちいち自分のデスクや事務
所に取りに行くのでは、支援の機会を逃したり手

薄になったりします。
必要なものを想定して、タイムリーに出せるように、
携帯用のバッグを身につけ、入れておきましょう。
ランニング用のウエストポーチ、小さなリュックサッ
ク、ボディバッグ、サコッシュなどがお勧めです。
両手が空き、激しい動きをしても身体から離れませ
ん。必要性や好みに合わせ、自分に合うものを
見つけましょう。

支援者必携7つ道具！＋α
支援にあるとさらに便利なツール

ここまでに紹介した7つ道具を「装備」するだけでも、
多くの自閉症・行動障害支援者は活動しやすくなるはずです。
さらにその他にも装備しておくとよいものを紹介します。

名刺

外出活動で、利用者が誤って他人の物を壊してし
まったり、他人を傷つけてしまうこともありえます。
利用者がまだ混乱しているなどその場で解決でき
ない状況も考えられるので、関係者との連絡先交
換が簡単になる名刺を準備しておくと便利です。

小さな財布

買い物等でお店に入った際、予定以外の物を買っ
てしまったり、利用者が商品を触ったり壊したりし
て弁償が必要な時などに、現金が必要なこともあ
ります。支援者も、少額を入れられる小さな財布
を持っておくと安心です。

素材提供：Hallelujah Inc.

マスキングテープ

自閉症・行動障害のある人は視覚支援が有効な
場合があります。目印で立ち位置を知らせたり、
動いてよい範囲を示すことができます。マジックな
どで目印を描けない時には、文具のマスキングテー
プが便利です。一時的に貼ってもあとを残さず剥
がすことができ、使い捨てもできます。使い慣れ
れば、いたるところで活躍します。

素材提供：カモ井加工紙株式会社

第2章

環境設定の
コツ

第1節　場所活用のコツ
第2節　位置取りのコツ
第3節　誘導・移動のコツ
第4節　パニック予防のコツ

広くて開放的な空間
≠快適空間

自閉症のある人にとって、広く開放的な環境は「常に快適」とはいえないことも。
そこで、その時何をするのかという目的によって、
適正な部屋の広さは異なります。

こんな人に
こんな場合に
・多動の特性があり、いつも動きたい人に
・衝動性が強く、気づいたら走ってしまう人に
・今何をする時間なのか伝わりにくい人に

本人の活動内容と
空間の状況をリンクさせよう

よく他の事業所から、「活動室が狭すぎて困る」という相談を受けます。しかし、自閉症・行動障害のある人にとって、広い空間がいつもよいわけではありません。開放的なスペースがあるということは、「動ける広さがあるから開放的に動いてよい」と本人が認識し、常にそうする可能性があるため

です。その人が動いてリラックスする休み時間や運動という活動目的なら、こうした広い空間もよいでしょう。しかし、細かな手作業など集中力を必要とする活動場所としては不適切です。
ここは何をするところなのか、場所・空間ごとの意味を本人に伝え理解してもらいましょう。走って動き回る空間、作業の空間、学習の空間など、空間の意味が認識できれば、支援者からの合図がなくても自立的に活動できます。

うまくいかなかったら

部屋の意味を伝えても
やはり走り回ってしまう場合

自閉症・行動障害のある人は元気な人が多く、集中できる広さの部屋でも縦横無尽に動き回ってしまう場合があります。もしそういったことが多すぎるのならば、そもそもその人が求める運動量と活動内容が合っておらず、机に向かう取り組みが多すぎたり、身体を使った取り組みが少なすぎる可能性があります。

個別化された支援では、全員一律ではなく、各利用者に適した日課設定と時間配分をします。本人にとって適切な運動量を見極め、もっと動きたい人であれば、身体を使えるような取り組みを提供したり、時間配分を多くしましょう。複数の運動メニューがあれば、日替わりで提供することもできます。

POINT 身体活動のメニュー・
時間配分を見直してみよう

 たくと大府の実践例

専門家と連携した多彩な
運動メニュー
直接のプログラム指導も依頼

本書を読んでいる支援者は、介護・障害支援の専門でも、体操などの療育活動はおそらく専門外で、身体を動かすプログラム開発が難しい人も多いでしょう。その場合、地域で体操や運動を教えている専門家に頼りましょう。民間のスポーツクラブや体操教室の講師には、障害者向けスポーツのノウハウをもつ人もいます。万が一不慣れでも、施設スタッフとともに内容を考えればプログラムはより充実します。

本施設では運動メニューの充実が必要との観点から、複数の運動メニューを用意しています。ストレッチ系メニューは元体育教師と協働して考えました。ボールを使った運動もその人に講師として来てもらい、支援者と一緒にプログラムに参加してもらっています。

専門家と協働して運動メニューも個別対応

動き回るのが好きな人でも
動きやすい環境設定は「危険」

年齢の若い人や元気な人なら、飛び跳ねたり走り回るのが
好きな人はたくさんいるでしょう。本人の思うように動いてもらいたいところですが、
動きすぎると周囲に危険が伴う可能性があります。

こんな人に
こんな場合に
・走り回ったり飛び跳ねるのが好きな人に
・普段は静かでも突破的に走り出すことがある人に
・周囲に歩行の不安定な人が多い場合

走りやすい「装備」を避け
リスク管理を

急に動き回る、飛び出すなど、動きたい欲求がある利用者の突発的な行動への対応は、支援者も困難を感じやすいところです。危険が想定され、ある程度限定された空間でないとリスクが大きい場合は、本人が動きやすい靴や服装など速く走れ

る「装備」をしていると、さらに多動が増してしまうケースがあります。室内はスリッパを履いてもらうなど、走るべきでない場所ならあえて動きやすい服装を避ける配慮が必要です。活動スペースも、「広い≒動きたい」場所になるので、走り回れない広さのスペースで活動するのも一手です。ただし、本質的に走り回りたい人には、走り回れる場所と時間を別に設定しましょう。

うまくいかなかったら

スリッパはすぐに脱いでしまい裸足で走ってしまう場合

室内で走らないようにスリッパを履いてもらっても、すぐに脱いでしまうこともあります。その場合は、短時間でもスリッパを履く練習をはじめましょう。

はじめはスムーズに履けなくても、スリッパの素材や形が変わると履いてくれるものがあるかもしれません。また、その場所に敷物を敷いたり、マスキングテープなどで床に柄をつけることで履いてくれるチャンスがくるかもしれません。さらに、部屋ごとで違うスリッパに履き替える、簡易な靴置き場、下駄箱を部屋ごとに設置すると、履くきっかけになるかもしれません。「この作業室はスリッパを着用する部屋」など「履かないと次に進めない」という状況を作ってみてもよいでしょう。

POINT　室内でもスリッパ等を履く「習慣」を練習

 たくと大府の実践例

あえてスピードが出過ぎない履き物に履き替えてもらう

本施設に、廊下に出ると「全力ダッシュ！」をしてしまう人がいます。廊下には他の人もいるので、ぶつかるととても危険です。

そのため、活動室から廊下に出る時は、上履きからスリッパに履き替えてもらっています。スリッパに履き替えないと支援者に止められることをわかっているので、履いてくれます。

スリッパを履いていると「全力ダッシュ！」はできず、走っても支援者が追いつける適度なスピードになり、危険は大幅に減りました。

多少走りにくくても、支援者から止められたり注意されることがないので、結果として心理的負担は少ないようです。

刺激から逃れて落ち着くための「1人になれる空間」を作ろう

自閉症・行動障害のある人は、過剰な刺激が苦手な場合があります。
自分で刺激の制限やコントロールができない人は、刺激から離れ、
「落ち着く」と思える空間があると安心できます。

こんな人に
こんな場合に
・視覚刺激に過敏で目に入る情報が多いと混乱する人に
・聴覚刺激に過敏で耳に入る情報が多いと混乱する人に
・衝動が抑えられず興奮してしまった時に・興奮する前に

刺激から隔離された空間は
興奮・混乱時の緊急避難場所

自閉症・行動障害のある人は、感覚に敏感なうえ、刺激を上手に処理することが苦手です。そのため、活動室などのそばに刺激から逃れ落ち着くことのできるスペースがあると安心できます。個室や別室、個室がない場合はパーテーションなどで1畳程度のスペースを区切り、空間を用意しましょ

う。さらに、自分の身体を隠したり耳を塞げるような布団や包む物があるとよいでしょう。大切なのは、この空間を「常に使う場所にしない」ことです。刺激の少ない快適な空間を常に利用してしまうと、通常の日課やプログラムに参加するのがつらくなり、何かを学習したり楽しむ機会を奪いかねません。あくまでも混乱・興奮しそうな状態の時に緊急避難用に使える場所として、本人にも理解を得ることで自らの判断で使える場所を目指しましょう。

うまくいかなかったら

施設のどこにも1人の空間を作れそうにない場合

緊急避難用の個別対応空間は、活動室内なら、棚やロッカー、パーテーションがあれば、四辺を囲うことで作れます。寝転がりたい利用者には、本人が使い慣れた布団や座布団、クッションもあるとよいでしょう。しかし、こうした空間を作りたいと思っても、活動室内にスペースが見出せない施設も多いでしょう。その場合は、活動室にこだわる必要はありません。更衣室や食堂など、時間帯によっては空いている部屋があるかもしれません。人が過ごせるように清潔で、できれば空調を整えることができたら立派な1人用の空間です。

施設全体を見渡して、ちょっとの時間1人になれる空間が作れないか考えてみましょう。

POINT 1人になれるスペースは活動室内だけとは限らない

たくと大府の実践例

利用者の休憩用の和室を寝転べる「落ち着き部屋」に

主に作業中に不穏になりやすい人がいます。活動室では1人になれるスペースを作れなかったので、利用者が休憩時に使用する和室の1つを不穏時の個別対応空間としました。和室は寝転がることができ、布団や座布団、空調もあります。回復部屋を使うことで、この人は回復パターンを作ることができました。このような興奮時等に1人になる空間を使用する個別対応は、本人も家族も納得できるように、障害特性や状況等からなぜこうした対応が必要なのか説明できるようにしています。こうした対応を好まない家族がいるかもしれないので、あらかじめ本人・家族にも説明しておく必要があります。

複数ある和室

右側の和室を1人専用部屋に

部屋のコーナーを上手に活用して
利用者固有のスペースを作ろう

それぞれの利用者が活動する場所はどんな位置・配置を設定していますか?
施設内は限られたスペース、その有効活用にはコツがあります。
特に部屋のコーナーに注目しましょう。

こんな人に
こんな場合に

・多動で動くことが大好きな人に
・視覚刺激に過敏で、目に入る情報が多いと混乱する人に
・手元の活動に集中しにくい人に

部屋のコーナーを利用して
刺激の制限を

自閉症のある人の特性として、「感覚刺激の偏り」があります。そうした特性がない人なら、自然に遮断できる刺激や情報も、自閉症のある人は自分の力では統制できずに頭の中に入ってきてしまう場合があるのです。これらが視覚的刺激の場合、パーテーションを置いたりカーテンを閉めるなどして

刺激を遮断する支援ができます。
一方、部屋のコーナーは、最低2面は壁に囲まれた空間のため、刺激を制限しやすい場所です。一般的に部屋の角は使いにくく物品置き場になる場合が多いのですが、空間の利用方法を見直し、そうした場所で落ち着く利用者がいれば、その人が心地よい居場所に変換できないか検討してみましょう。気に入ってもらえれば、自ら選んで過ごしてもらえる場所になるでしょう。

どんなものがあると便利？

部屋の壁+パーテーションでより個室らしく

部屋のコーナー利用に加えパーテーションを使うと、よりその人が落ち着ける空間が作れます。パーテーションはまず、外部刺激を遮断できると思われる位置に置きましょう。

ただし、はじめに置いた位置が正解とは限らず、さらに本人の変化により位置も変わる可能性があります。そのため、パーテーションはすぐ動かせる軽量のものを選びましょう。

軽量だと倒れやすく危険と考えがちですが、重くてがっしりしたものを本人が押しのけて倒れるほうがより危険です。軽いものなら倒れて当たってもダメージは軽く、むしろ安全といえます。

うまくいかなかったら

壁に向かって座ると後ろが気になり衝動的な行動が続く

部屋のコーナーに座席を設けた場合、壁を向いて座ることで前方や左右の刺激を制限することができますが、後ろが気になって振り返り、スペースがあるため、立ち上がってしまうタイプの人がいます。人や物の気配があるのに見えないと、様子が気になってしまうタイプの人もいます。これではかえって前を向けない状態になります。

そこで、後ろが気になる人には、部屋のコーナーを背にすることで、後ろの様子を気にしなくてよい状態にすることで、前方の気配を気にしつつも前を向いて座れるようになり、集中力が増す可能性があります。

POINT その人の気になる方向を把握し、どこに壁を作るか検討する

33

長方形の空間を作ると
構造化しやすい

物理的構造化※をする場合、部屋のコーナーや壁は有効に使えますが、
中央の使い方に悩むことがあります。家具や備品の配置を工夫すると、
限られたスペースを効率よく使うことができます。

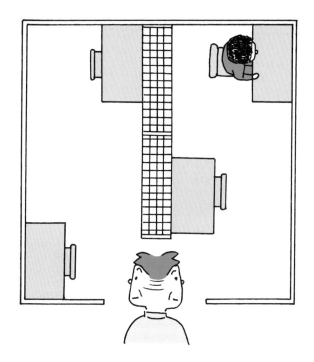

こんな人に
こんな場合に

・部屋の物理的構造化をしたい場合に
・棚やロッカー等の備品の置き方に迷う場合に
・支援者が見守りしやすい活動室を作りたい場合に

構造化を助ける活動室の作り方・備品の配置のコツ

施設や学校でよく見られる正方形の部屋は、壁やコーナーに座席を配置すると中央に大きなスペースが空き、利用者が活動中に動き回ってしまう可能性があります。通常、棚やロッカーなどは壁際に配置することが多いですが、それを部屋の中央に配置し、部屋を半分に区切って長方形2つのエリアを作りましょう。長方形の部屋は中央が通路のようなスペースになるので、動線を予測できます。また、座席を点在させることができ、個別化された空間を作りやすいので、相性への配慮もしやすくなります。さらに、コーナーや壁沿いに座席が整然と配置されていれば、支援者も部屋の奥に位置しながら少しの移動で全ての利用者の様子を見渡せ、見守りしやすくなります。

※物理的構造化：場所と活動を一対一対応させたり、過剰な刺激を制限するなどして、今取り組むべきことを伝える構造化の手立ての一つ。

どんなものがあると便利?

部屋の構造化に
おすすめの「棚」は
スチール製ラック

ホームセンター等で売られているスチール製のラックはサイズが豊富で、部屋に合ったものを選ぶことができます。スチール製のため丈夫で、重い物を載せても壊れる心配が少ない上、キャスター付きなら必要に応じて動かせるのでより便利です。横板がないのでそのままなら部屋の先を見通しやすく、逆に目隠しのカーテンをつけて視界を遮ったり、好みの装飾をして雰囲気を出したりしやすいのも利点です。自立課題※などの教材や小さな備品を置くなどもできます。カラーボックスや収納箱を置くことで、その施設で使いやすいアレンジができます。

※自立課題：1人で自立的に取り組めるよう工夫された教材

素材提供：株式会社ドウシシャ

たくと大府の実践例

利用者の「マイエリア」を
備品で構造化

本施設で、やや広い部屋が1部屋空いていたので、活動場所にしたいと思いました。1人では広すぎる空間のため、2人で使用できるよう工夫を施しました。まず、中央にスチール製のラックを置き、それぞれのスペースを明確に区切りました。スチール製ラックは、その部屋を利用する各自がやるべき自立課題や自分の持ち物の置き場所となっています。
さらに、相手の物品が見えないように間に引かれたカーテンには、それぞれの好きなアニメキャラクターの柄がプリントされていて、「ここが自分のエリアだ」と認識しやすくしています。

長方形の部屋をスチール製ラックで仕切る

仕切った右側の空間

「場面転換」「場所と活動の一対一対応」で 「するべきこと」を伝える

自閉症のある人がかかえる、一見配慮が必要と思える「環境の変化に敏感」という特性。
しかし、切り替えたい時には、「場面転換」「場所と活動の一対一対応」で、
その特性を活用することもできます。

こんな人に
こんな場合に
・何をすればよいのかわからず混乱しやすい人に
・新しい場所で新たな活動にチャレンジする場合に
・パニック時に気持ちを切り替えたい場合に

気持ちの切り替えに有効な 「場所と活動の一対一対応」

環境の変化に敏感という特性を活かすため、「その場所に来たら○○をやる」など、場所ごとに活動内容を決めておくとよいでしょう。例えば外出活動の場合、「公園の散歩」という活動でも「駐車場のここに停めたらこのコースを行く」と定型化する、行った先でも「ここではトイレ休憩だけ」「こ

こでは買い物だけ」など、場所ごとに機能を決めておくと、本人は混乱せずにすみます。
逆の発想で、行動障害のある人がパニックを起こしてしまい、その場で収まりがつかない場合、場所や位置を変えると、目に入る刺激も変わり、他に興味が移って、気持ちの切り替えにつながる場合があります。目的と場所が一対一対応していれば、その場所まで誘導することで、自立的に行動に移りやすくなるのです。

うまくいかなかったら

施設の構造・設備上場面転換や場所と活動の一対一対応が難しい

施設の部屋数が少ないなどの条件で、パニック時に場面転換をしたくてもできない場合もあるでしょう。実は、人が少ないトイレや車、倉庫の中なども、緊急時の場面転換先として機能します。施設内の部屋にこだわらず、視点を広げて探しましょう。こうした場所をきれいにしておくと、より使いやすくなります。
緊急時の場面転換や場所と活動の一対一対応は、支援者によって部屋の使い方が異なると有効ではありません。他の支援者と連携し、部屋の使い方を統一しましょう。また、パニックなどの緊急時は対応の優先度が高く、他の人が部屋を使っている場合は空けてもらうようなフォローが必要となります。その点も他の支援者と意識を合わせておきましょう。

POINT　「部屋」以外の場所も場面転換先の候補にしよう

たくと大府の実践例

施設での宿泊旅行も場所と活動の一対一対応でスムーズに

本施設では、毎年一泊旅行の行事を実施しています。旅行の立ち寄り先1か所につき、目的を「トイレに行って食事をしてお土産を買って」などいろいろ盛り込んでしまうと、お土産に気が向いてトイレに行けなくなったり「自分の好きな順番にやろう」とバラバラに行動してしまいます。
「○○パーキング→トイレ」「○○センター→買い物」など、1か所で目的を1つに限定することで、本人は行動しやすく、支援者も「ここでは○○をします」と伝えやすくなります。みんなにとってわかりやすくスムーズな一泊旅行となるのです。

固定された機器・移動できる機器を使い分けよう

支援の現場において、テレビやDVDデッキ、タブレットやパソコンといった
機器・ツールを使って活動する時間を設ける時に、
活動場所をより有効活用できるポイントがあります。

こんな人に
こんな場合に

・テレビなどの機器を使った時間が日課にある場合に
・テレビなどの時間を個別のスケジュールで行う場合に
・他の人が苦手な声・音を出すなど、相性に課題がある場合に

トラブルが起きやすい
視聴覚機器を使った余暇時間

テレビやDVDプレーヤー、タブレットなどの機器を使って番組等を視聴する活動もあります。余暇の一つだったり、何かの「ごほうび」の時間として使っている場合も多いでしょう。しかし、この時間は、「見たい番組が違う。リモコンを貸して」「流れてきた音が苦手。ここにいたくない」など、トラブルの原因になってしまうことも少なくありません。

余暇活動も個別的にどう支援すべきかを考えて、場所や機器を捉えましょう。例えば、小集団でも過ごせる人であれば、テレビなどの固定機器で、一定時間その場にとどまり、番組を一緒に楽しむことができます。反対に、安全確保のため場所や内容を調整する必要がある人の場合は、タブレット等の持ち運べる機器を使って、別室など個別の空間で楽しんでもらいます。

どんなものがあると便利?

さまざまな機器を用意して
余暇活動の可能性を広げる

ツールを多数用意すると余暇活動の可能性は広がります。予算の許す限り、中古でもよいので、プロジェクター、ポータブルテレビ・DVD、タブレット、パソコン、スマートフォン、設置型・携帯型のゲーム機器などをそろえましょう。機器の種類が豊富ならば、何か興味をひくものがあるかもしれません。個別の配慮をしても活動内容に興味がなさそうなら、活動自体が本人に合っていないので、全く違った内容に変えましょう。このように複数の機器で個別の余暇活動を行う場合、場所も終了時間もバラバラになります。支援者1人で全て把握するのは難しいので、他の支援者に「○○さんは30分後に○○部屋に戻る」など、情報交換をして動線を整理しておきましょう。

たくと大府の実践例

学齢児童の自由時間に
選べるメニューを用意

本施設では日中一時支援事業を行っていて、行動障害をかかえる小学生から高校生までの放課後活動を支援しています。自立課題や買い物などいくつかの活動が終われば、自由な遊び時間になります。しかし、自由時間に何をしたらよいのかわからなくなってしまう人もいます。そこで、いくつかの活動メニューを提示し、自由に選んで決めてもらうようにしています。時間が決まっているDVDなどは、終了時間を支援者も把握できるよう、パッケージに明確に書いておいたり、長時間のコンテンツは置かないようにしています。自由時間が少ない場合は、ゲームなど長時間かかるメニューは提示しない工夫をしています。

動画類が見られるタブレットを複数用意

持ち運びできるラジカセ

持ち運びできるDVDプレイヤーと30分以内で見終わるDVDソフト

固定されたテレビ

「見守り支援」の
適切な距離感とは?

自閉症・行動障害支援で「見守り支援」は基本ですが、
「見守る」とは何か、どのくらいの距離でどう見守るのか、
どうなったら手を差し伸べればいいのでしょうか。

こんな人に
こんな場合に

・ADLは自立していても、行動面の配慮が必要な人に
・見守られていると衝動的な行動が起こりにくくなる人に
・見守られていると次の行動を思い出せる人に

自立している行動は手を出さず
適度な距離から見守る

「支援」というと「手を添えて手伝う」ような、支援者が自ら手伝う能動的なイメージがありますが、自閉症・行動障害のある人を支援する上では「見守り支援」の技術が欠かせません。

自閉症・行動障害のある人は、食事・トイレ・着替えなど基本的なADLが自立している場合も多く

あります。できることはさりげなくそばで観察し、その中で突発的なことが起こった時に対応するのが、「見守り支援」です。

「見守る」といっても、間近でじっと見ていては、本人に大きなストレスを与えてしまいます。本人との距離や支援者自身の姿勢にも気を遣い、まるで見ていないように存在を感じさせないのに、実は見ている。そんな「見守り支援上手」を目指しましょう。

どんなものがあると便利?

見守りの存在感を消すには
いつもある物を活用して

見守り支援のコツは過度なストレスを与えず、適度な存在感を残すことです。見守りのための椅子やスペースなどで「陣取って」しまうと、本人にはとても気になる存在となります。備品などは自然な配置のままで、支援者は位置取りを決めましょう。

ただし、あまりに存在感を消しすぎて、緊張感がなくなると、衝動的に動いてしまう人もいます。「近くに人が存在する」ことに対するストレスの感じ方は各自異なります。それを観察し見つけたら、あえて見守り用の椅子を置く、支援者が少し近づいてみるなど、存在感の微調整をしてみましょう。

たくと大府の実践例

さりげなくそばにいるために
一緒に作業をしながら見守り

本人に支援の存在を感じさせずに見守りたいものの、ただ見ているだけでは視線を強く感じ取られてしまう場合もあります。

そこで本施設では、作業時間は作業の検品をしながら見守り支援をします。その空間が、「みんなで作業をしている」という雰囲気になり、本人も「見られている」というストレスを感じることなく作業に向かえます。

たとえ本当は検品作業がなくても、そうした雰囲気をかもしだすために、検品しているかのように見せることもよくあります。支援者が実際に検品作業を進めなくても、意識の8割は本人の動きを見守るようなつもりで、見守り支援を行っています。

第2章

第2節 位置取りのコツ

41

自分の視野角を把握し
「見守れる範囲」を知ろう

自閉症・行動障害のある人を見守り支援する場合、
常に自分の視界に収めておくことが重要です。
では、自分の視界の広さはどれくらいでしょう。見守り支援に活用してみましょう。

どの範囲を見守れるか
自分の視野角を把握しよう

見守り支援を行う際、常に自分の視界の中に対象の人を収めておきたいものですが、衝動性の強い人は一瞬で視界から外れてしまいます。できるだけ広い視野で捉えておきましょう。人の視野角は約120度といわれています。自分の両手を目の前で広げていき、見えなくなる位置で手を止めま

す。手を広げた範囲が自分の視野角です。
また、立つ位置も大切です。自分が対象から離れて立つほど広い範囲を視野に収めることができますが、当然対象との距離が離れるので、緊急時のリスクも増します。近づくと視野は狭くなり対象は視野から離れやすくなりますが、緊急時に手が届くという点では安全性が高まります。支援者はどの位置に立つのがベストか、対象となる人に応じて考える必要があります。

複数の支援者で連携して
広い支援範囲をカバーする

衝動性の強い人は、動きが多く、しかも素早いことが多いものです。そういった場合は、部屋を区切って活動場所を小さくして環境面の調整をしたり、支援者を増やして対応しましょう。

支援者によっても見える範囲には差があり、位置取りも見守り支援において重要です。チームでそれぞれのメンバーの視野角を確認した後、1歩・1mのずれがリスクを発生させることも念頭に置きながら話し合って、それぞれのベストな立ち位置を考えてみましょう。

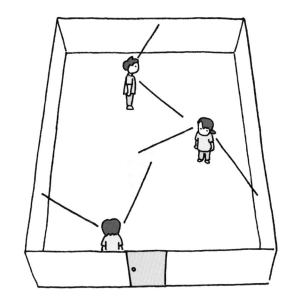

たくと大府の実践例

体操などの運動系活動で
視野角を意識し見守り支援

体操や運動系の活動では、移動や動きが多くなります。複数の人の移動や動きが大きくなるほど、けがや事故のリスクは増します。しかし、支援者が動きすぎてはバタバタした雰囲気を作ってしまうので、ゆったり構えたいものです。

体操や運動系の活動では、進行役の動きを見ながら支援するので、わずかに目が離れることもあります。そのため、各支援者は利用者と進行役が同時に視野角に収まるような位置取りをしています。多くの動きが全て、常に自分の視界に収まるような意識をもちつつ、最小限の動きで危険を回避できる位置取りを日々行っています。

視野の広さを意識して見守り

衝動的行動がある人への支援
適切な「位置取り」とは?

衝動性の強い人の行動を見守るのは、支援初心者にとってドキドキするものです。
自然にそばにいながら、かつ安全を守るために、
自分のいる位置を考えて支援しましょう。

こんな人に
こんな場合に

・衝動性が強く施設を飛び出していく可能性のある人に
・衝動的な他害や破壊があり、安全を守る必要がある人に
・支援者1人で複数の行動障害のある人を見守る場合に

衝動性が強い人には
すぐ身体に触れられる位置で支援

衝動性が強い特性をもつ人は、突然走り出すなど突発的な行動がみられます。こうした人への支援は一対一対応が基本ですが、さらに、支援者は安全を第一に考え、いつでも本人に手が届き衝動行動をなだめられる位置で支援することを心がけましょう。距離が近すぎると相手に圧迫感を与えるので、どの距離がよいと一律にはいえませんが、安全が確保できない位置にいると、衝動行動が起きた時に対応できません。支援者も一緒に走ることができ、手が届く位置を確保しましょう。衝動性への素早い対応ができるようになると、衝動的な行動の習慣化がなくなり、本人も活動に集中できるようになります。

うまくいかなかったら

手が届く位置にいても
振り切られる場合

刺激の制限された空間を作り、衝動性をコントロールしても、衝動性の強い人は走り出してしまう場合があります。そうした人がまっすぐ走るとスピードも速く、手が届く位置で見守りしていても追いつけないことも。その場合は、机・椅子など部屋にあるもので、本人がまっすぐ走れないような配置にしておきましょう。

また、活動時、出入り口から遠い場所に座ってもらうのも一手です。走り出した時に気づくのが一瞬遅れたり手を差し出すのが遅れた場合でも、出入り口までの距離が遠いほど追いつけ、時間をかせげるので、他の職員も対処できる確率が高まります。

POINT まっすぐ走れない・
飛び出せない工夫で安全確保

誰とどう連携する?

衝動の傾向を予測して
カバー担当支援者を決める

上のような工夫をしても一対一対応では振り切られてしまう場合は、複数の支援者で安全を守る必要があります。例えば、その人が走り出す時はいつも出入り口に向かっていくなら、出入り口付近でカバーする支援者が1人配置されている、というように準備します。また、支援者の足の速さも行動障害の動きの速さも人それぞれですので、支援者が全員一律に同じ立ち位置とは考えず、各自が追いつけるギリギリの位置を見極めてポジションを決めましょう。支援者の位置取りにより、本人の見守りに徹する役割、他の利用者の見守りも担当する役割など、各自の役割も変わってきます。施設全体で計画を練って対応しましょう。

出入り口をカバーする職員を配置

食事介助時の
より良い見守り位置・配置とは?

食事の時間の支援で、支援者自身も食べながら介助することもあるでしょう。
食事の場面でも過剰な刺激を制限する物理的構造化が支援の基本です。
効果的な支援者の配置を考えましょう。

こんな人に
こんな場合に

・食事中に席を立ってしまう人に
・他の人の食事まで食べてしまう人に
・手で食べてしまうなど食行動に支援が必要な人に

利用者には支援者の利き手の
反対側に座ってもらう

現場では、支援者が食事をとりながら行動障害の
ある人の介助も行う、という場面があります。「支
援者自身が食べている瞬間＝対象者から目が離
れる瞬間」なので、その時に衝動的な行動が起
これば、支援者が追いつけないこともあります。
手で食べてしまう、嫌いな物を捨ててしまうなど、

食行動への支援も遅れてしまうかもしれません。
そのような場合を想定して、支援者が右利きのた
め右手で食事をとっている場合は、左側が空くの
で、支援者の左側に行動障害のある人に座って
もらいましょう。もし、本人が立ち上がったり他の
人の食事を食べようとしても、支援者は左手で誘
導することができます。支援者が左利きの場合は
逆になります。支援者は、すぐに立ち上がれるよ
うに、椅子を引き気味に浅く腰掛けましょう。

うまくいかなかったら

誘導しても衝動性が勝り
離席が続く場合

支援者が食事に使わない側の手で誘導しても、衝動的な行動を制止しきれない場合もあります。その場合は、部屋のコーナーを利用して動けるスペースをさらに限定するなど、食事スペースの物理的構造化を練り直す必要があります。

周りの条件が変われば物理的構造化は変化します。例えば、新しい利用者や職員が入り、周囲の座席配置が変化したり、食堂の机や椅子、食器などが変更されても状況が変わります。既に状況が変化し、物理的構造化がうまく機能していない可能性がないか、今一度見直しましょう。変化することを見越して、動かしやすい食卓、部屋の構造、他者との関係など、あらかじめ部屋全体のスペースに余裕をもたせ、可動性のあるものにしておくとよいでしょう。

POINT : 食事スペースの
物理的構造化も加えて支援を

たくと大府の実践例

他の人の食事を
とろうとする人への食事支援

本施設の食卓は全て4人がけのものを採用しています。行動障害のある人の横と正面に支援者が座ります。視野角を考えると、正面の支援者のほうが利用者の動きを把握しやすく、横の支援者は動きをコントロールしやすいので、2人で声をかけあって連携すれば、素早く適切な対応をとりやすい配置関係です。特に隣や前に座っている人の食事をとってしまう人がいる場合、前も隣も支援者なので対応しやすくなります。またこの場合、壁際を活かした食卓を使うことがあります。壁を本人の左側に配置し、前は空席、右には支援者が座ります。他の人の食事が本人の視界に入らないように工夫しているのです。

支援者2人で連携して食事支援

移動で気が散りやすい
忘れっぽい人には「リマインダー」を

自閉症・行動障害のある人の中には、その時見えたもの、
聞こえたことに強く気持ちが引き寄せられ、何をしていたのか忘れてしまう人もいます。
移動時に今何をするべきか、思い出してもらう方法とは？

こんな人に
こんな場合に

・見えた物に強く気持ちや身体が反応してしまう人に
・数秒でも時間が経つと忘れてしまう人に
・特に移動を伴う活動で忘れやすい人に

リマインダーを持つことで
「時間の迷子」を防ぐ

自閉症・行動障害のある人は、短期的な記憶が定着しづらく、忘れやすいという特性があります。特に移動時など刺激の多い状況では、今自分が何をしているのかもわからなくなることがあります。この場合は「リマインダー」を用意しましょう。例えば、私たちが買い物に行く時、買うものを紙に書き出し忘れないように工夫することがあります。このような手立てを「リマインダー」と呼びます。利用者に対しては、例えば絵画活動参加のために部屋を移動する必要がある場合、文字が読める人には「今から絵画活動に行きます」と書かれた紙を手に持ってもらう、文字がわからなければ、部屋の写真や絵でもいいでしょう。スケジュールを持ちながら移動する方法もあります。これらの支援は、自ら活動に入るための手がかりとなります。

うまくいかなかったら

リマインダーを持っても忘れてしまい移動先まで到着できない場合

とても気が散りやすい人になると、単に紙で作ったリマインダーでは効果が弱い場合があります。両手で持つ必要がある程度の大きさ、重さ、ざらざらしているなど、触覚的にも気づきやすいように工夫してもよいでしょう。

また、例えば、音楽活動なら楽器、絵画活動なら筆、体操ならマットなど、次の活動で使う物品をあらかじめ用意しておき、その物品を持って移動するのも効果的です。直接活動に関係なくても、その人にとって活動を連想させ、持ち運べる大きさであれば全てリマインダーとして使用可能です。

POINT : リマインダーを目立たせる・
活動使用物をリマインダーにする

 誰とどう連携する?

支援者がリマインダーを受け取ることで効果を高めよう

リマインダーは、今やるべきことを思い出すために使うものですが、そのリマインダーを行き先の支援者に渡すという目的を付加すると、支援者が喜んで受け取ることで「渡しに行きたい」という動機と集中力を高めることができます。

このため、行き先の支援者にもあらかじめ協力をお願いしておきましょう。上のように次の活動で使用する物をリマインダーとして使うのであれば、「持ってきてくれてありがとう」と伝えるようにお願いしてみてもよいでしょう。

このように、リマインダーに付加価値を付けることで、より効果的なツールとして機能します。

散歩やドライブには
「目的」をもたせよう

散歩やドライブの時間を設けている施設もあると思いますが、
本人にその活動の意味・意図が伝わっていないことがあります。
ただ歩いたり出かけて帰ってくるだけでなく、ひと工夫してみましょう。

外出では「目的」を示すと
「見通し」が立つ

散歩・ドライブなどの外出活動は、好きな利用者も苦手な利用者もいますが、他から促されてする外出活動は、見通しがもちづらいのが弱点です。支援者はどこに行っていつ帰ってくるかを知っていますが、行動障害のある人には伝わりにくいものです。特に自閉症のある人は実行機能の困難さ

という特性があるので、活動の終わりを認識しづらいのです。

散歩なら「ポストに手紙を入れて戻る」「○○で花を摘んで帰る」、ドライブなら「○○で写真を撮って帰る」「○○駅で電車を見て戻ってくる」など、目的を作り出し、はっきりと本人に伝えましょう。こうすれば、外出で「何をして」帰ってくればよいのかがわかり、本人が活動中に目的に集中して行動しやすくなります。

うまくいかなかったら

活動に「目的」をもたせても
本人の見通しがあいまいな場合

左記のように活動に目的をもたせ、ゴールを設定し
明確に伝えても、本人が見通しをもてず集中できな
い場合、その目的を達成したらその後はどうなるのか
を伝えることも有効です。

外出先で達成した目的を、戻ってから他の支援者に
報告したり共有することは、外出活動後の楽しみに
もなります。他の支援者に「帰ってきたら聞いてあげ
て」と頼んでおき、「帰ったら撮った写真をみんなで
見る」「戻ってから拾った石で塔を作る」など、散歩
後の活動までも見通せるように設定して、散歩やドラ
イブの日課を盛り上げましょう。

POINT …… 外出活動の後まで
目的や意味づけをリンクさせる

たくと大府の実践例

「目的ある散歩コース」の
バリエーションを用意しておく

本施設では、簡単なウォークラリーともいえる「この
公園ではここを歩く」「この場所では塔に登る」など
の目的をもたせた散歩コースを、20以上用意してい
ます。本人が目的を理解できれば、施設を出る時に
「何をすればよいのか」の見通しがついているので、
着いた瞬間からスムーズな活動が期待できます。何
度か経験してパターン化されると、ルートを外れずに
活動できるようになります。本人の見通しだけでなく、
支援者も動きを予測できるので精神的なゆとりが生ま
れます。

そうはいっても同じ場所ばかりだと飽きるので、ロー
テーションできるようコースを多く用意することで新鮮
な楽しさになるよう工夫しています。

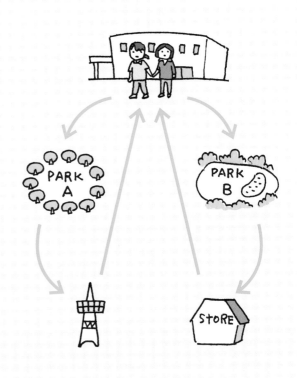

拒否されにくい
身体誘導のコツ

身体誘導時の基本は行き先の手がかりを示すことですが、
緊急時などは支援者が利用者の手を引くことがあります。
しかし、引っ張られたら拒否したくなるのが人というものです。

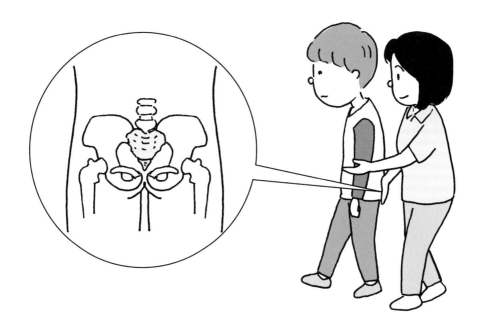

・声かけなどではうまく伝わらず身体誘導が必要な人に
・危険を回避するため、すぐにその場から離れたい場合に
・支援者の誘導・介護に拒否的な人に

身体誘導では
支援者も同じ方向に歩く

行動障害支援では、身体誘導が必要な時があります。しかし、支援者が本人を引っ張ると、双方のベクトルが反発し合い、支援者に余計な力が入ります。その力は本人にも伝わり、理不尽さやつらさを感じさせ、拒否が起こりやすくなります。
支援者と対象者がベクトルを同じ向きにして、共に

目的地に歩くようなイメージで誘導してみましょう。具体的には、支援者は本人の仙骨（上図のような腰付近。人の重心が位置する）に手を添え、誘導する方向に軽く押しながら自分も一緒に歩きます。こうすると支援者も強い力を使うことなく、本人より身体が小さな支援者でも比較的楽に誘導することができるでしょう。誘導一つにも本人の心理的感覚や体力的負担を考えて行えば、適切な誘導ができ、信頼関係を築くことができます。

うまくいかなかったら

仙骨付近を押しても
動いてくれない場合

腰付近を軽く押しても動いてくれない場合、考えられる「本人が動きたくない理由」は大きく二つあります。
一つは、どこに誘導されるのかわからず不安で動かない場合です。この場合は、その人がわかる伝え方（文字・絵・写真など）で誘導先を伝えましょう。
もう一つは、本人が「行きたくない」と思っている場合です。スケジュールや日課、プログラム上どうしても行かなければいけない、危険回避のために動かなければ！ という場合は「危ないので行きます!」と理由を説明して説得しますが、必然性がないのなら、本人が行きたくないわけですから、「行かなくてもよい」という選択肢を用意しましょう。本人の意思を尊重することは大切です。

POINT
行きたくない、動きたくない
そんな気持も尊重を

たくと大府の実践例

支援者の「必死さ」を伝えない
支援をロールプレイで練習

本施設では言葉でコミュニケーションがとれる人が少なく、ジェスチャーや写真で伝えても足りない場合は身体誘導をすることもあります。その時にいつも心がけているのは、「力がこもっている感じ（力感）」を伝えないこと。経験上、支援者の力感≒必死さが伝わるほどに拒否や抵抗も増すことがわかっていますから、笑顔で、小さい力で誘導することを日々実践・練習しています。
支援者同士で、手を引っ張るのと、仙骨を押す場合のどちらが誘導されるほうが楽かを体験し練習します（ロールプレイ）。誘導される側を体験することで、本人の感じ方を知ることができ、どちらが両者に負担が少ないか支援者同士で確認し合います。

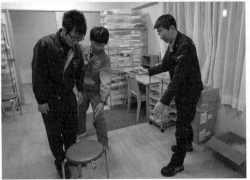

手で引っ張られる、仙骨を押される、どちらが楽かを体験

移動時の身体誘導は
「移動の構造化」

「身体誘導」をする支援者は行動障害のある人の、いわば「羅針盤」。
事前に行き先や目的の手がかりを示すとともに、
適切な誘導で、混乱なく目的地まで案内しましょう。

こんな人に
こんな場合に

・移動時、興味のある物を見つけて突発的に走り出す人に
・移動時、時間が経つと目的地を忘れてしまう人に
・交通ルールが理解できず、危険が予想される人に

移動時の「身体誘導の役割」とは?

移動時、特に施設の外を歩く時は、危険がたくさんあります。支援者が本人の側で見守りながら身体誘導する機会も多いでしょう。移動時に身体誘導を行う支援者には、大きく二つの役割があります。一つは、目的地までの案内役です。自閉症・行動障害のある人は他の刺激に影響されや

すいので、興味のある物が見えた時は見えないように壁になったり、逆に進むきっかけを示すこともあります。もう一つの役割は、支援者自身が安全を確保する信号機や白線、道路標識の代わりとなることです。道のどこを歩けばよいか、どこで止まるかなど、支援者が本人の少し前方に行って身体誘導し、目的地まで到着できるようにしましょう。本人が主体的に移動できることを目指し、身体誘導支援は徐々に減らすように支援しましょう。

うまくいかなかったら

身体誘導だけでは
突発的な行動が
止められない場合

刺激への反応が強すぎて、支援者が壁になってもほとんど意識せずに衝動的な行動が収まらない人の場合は、身体を使った誘導だけでは刺激の統制が足りないため、同時に環境調整も行う必要があります。

刺激の少ない（音が少ない、人が少ない、お店が少ないなど）外出コースを選び、子どもたちや犬等が町にいる時間帯を避けて活動を設定するなどがよいでしょう（外出の構造化）。

雨の日の外出も悪くありません。人が少なくなるという利点の他にも、傘をさす練習ができるうえ、傘で他の視覚刺激が遮られたり、傘に当たる雨の音で聴覚刺激が遮られて散歩に集中できることもあります。（P58参照）

POINT 身体誘導だけで足りない場合は
同時に環境調整を

 誰とどう連携する?

危険が予測される時こそ
小集団で相互に守り合う

一対一での身体誘導支援は、本人の刺激を統制できる位置に支援者が立つなど、役割がはっきりしていて支援しやすいのですが、衝動的な行動が起きた時、振り切られてしまうリスクが大きくなります。

そのようなリスクが高い場合は、5人程度以下の小集団での活動を基本としましょう。1人に衝動的な行動が起きても、他の支援者と連携して対応することができます。各支援者は担当の利用者を支援しつつも、集団内の他の利用者のとっさの行動にも備える意識で行動するように、あらかじめ連携しておきましょう。

衝動的な行動に
素早く対応するための準備

行動障害による衝動的・突発的な行動が起きた時、
支援者のほんの少しの対応の遅れが事態の悪化につながることもあります。
遅れずについていけるような予備動作を保つ練習をしておきましょう。

いつ突発的な行動が起きても
すぐに立ち上がれる体勢を

見守り支援では、利用者に突発的な行動がある
と、その都度対応が必要です。衝動性が強くな
るほど動きも速くなり、予兆もない傾向があります。
座った状態で見守りを行う支援者は、予兆を見逃
さないのはもちろん、すかさず対応できるように、
いつでも立ち上がれる体勢をとる必要があります。

人が座った状態から立ち上がるには、上半身を前
に倒し、足先を椅子の下方に引く、という予備動
作が必要です。支援者が常にその予備動作が完
了した体勢をとって見守り支援をしていれば、とっ
さの時にもワンテンポ早い対応が可能です。支
援者は、日頃からすぐに動けて立ち上がれる予備
動作の練習をしておきましょう。また、利用者がこ
うした体勢をとった時は、立ち上がる衝動の予兆
かと判断するヒントにもなります。

うまくいかなかったら

立ち上がりの予備動作をとっても突発的な行動に追いつけない場合

立ち上がりの予備動作は、慣れないとかなり緊張感のある体勢です。見守り支援では常に危険があるわけではなく、支援者は毎日身体を使っているので、座るとついリラックスして深く腰かけてしまいがちですが、そうなると立ち上がりのタイミングはかなり遅くなります。日頃から座り方を練習し慣れておくことが大切です。

それでも衝動的な行動についていけず振り切られてしまう場合は、本人に近づいて座ったり、部屋の中で走れるような広い場所を作らず限られた広さの場所にする、他の支援者との連携をするなど、合わせて予防策を考えましょう。

POINT 1人の支援で間に合わなければ他の方法と並行して対策を

たくと大府の実践例

椅子に座りながらも突発的な行動に備えた意識を

行動障害のある人は、活動の途中でも気になることがあると飛び出してしまうことがあります。本施設では危険はどの時間帯、どの場所でもありえると考えています。そのため、ほとんどの時間帯と場所ごとに、基本となる支援のポジションが決まっています。その上で、支援者と利用者の脚力の状態によって、近づいたり離れたりと自分のポジションを微調整します。支援者もベテランから新人、非常勤までさまざまです。すぐに動ける予備動作をしていても振り切られてしまうこともあるので、振り切られた＝緊急時にならないよう、あらかじめバックアップを意識した職員配置をします。一職員に任せきりではその職員の心理的負担が高くなり、仕事を続けていくのもつらくなるでしょう。

バックアップを意識した職員配置

雨の日こそ外出に有利！？
運動習慣と雨具使用のスキルupも

行動障害支援では「雨が降ると外出できない」と思われがちです。
しかし、雨の日こそできることがあります。
何より、晴天より外出に有利な点があるのです。雨を味方につけましょう。

こんな人に こんな場合に	・天候による日課変更が難しい人のために ・子どもの声や犬の声など音に敏感な人に ・傘・レインコートを使う経験の少ない人に

行動障害のある人にとって
雨の日の外出が有利なポイント

雨が降ると、外出の日課が組みづらいと考えがちですが、そんな日こそ外出する利点があります。自閉症・行動障害のある人は、音に敏感な特性をもつ場合があり、子どもの泣き声や犬が吠える声が苦手な人が少なくありません。好天時の公園はこうした音にあふれており、実は彼らにとって外出の条件が悪いのです。一方、雨天の場合にはほとんどなく、雨がその他の音もかき消すので、散歩に集中でき、運動量を確保することができます。また、傘をさしたり、レインコートを着て外出するスキルを獲得することも重要な目的の一つです。これらを身につけると視界が限定されるので、本人は目的地に向かって進むことに集中しやすく、気が散ることが減るでしょう。発想を変えて「雨の日こそ外出を!」と考えてみてください。

うまくいかなかったら

水たまりに入るなど
濡れることを楽しんでしまう場合

音の聴覚刺激より、水で濡れる触覚刺激のほうが強い人は、濡れることの楽しさが優先してしまう場合もあります。ハンカチだけなら濡らすことを許容したり、水たまりに靴を入れるだけなら黙認するなど、本人との折り合いがつくポイントを見つけ、制限の中で濡れてもらうという方法もあります。

整備された公園では、水はけのよいところや屋根や樹木の陰になり濡れにくい場所もあります。雨の日の公園の状態をつかんでおくと、使いやすい公園を見つけられるかもしれません。

一方、とことん全身濡れたい！という衝動をもつ人もいます。その人は雨の日の外出は適さないといえるでしょう。

POINT : 感覚過敏の違いにより
雨の日の外出が適さない場合も

 たくと大府の実践例

雨の日の外出に
「傘さんぽ」と命名

本施設では、雨の日に散歩することを「傘さんぽ」と呼んで、利用者にも親しみをもって参加してもらっています。雨の量にもよりますが、傘をさすスキルの習得と運動量の確保を目的とすると、晴天時よりかなり安全な外出活動になっています。はじめは傘を斜めにさしてしまい、身体が濡れてしまった人も、徐々に濡れないさし方がわかって上手にさしながら歩けるようになってきました。

雨の日には、ベビーカーが通ったり幼児が走り回って遊ぶことはほとんどありません。雨の日の外出では、支援者はそうした周囲の人々への配慮もほとんどしなくてよいので、比較的安心です。

基本

自傷・他害・破壊≠パニック
「パニック」を思考停止の道具にしない

利用者の自傷・他害・破壊は支援者にも大きなインパクトを与えます。
「パニックになってしまい……」と報告して終わることもあります。
しかし、全てをこう言ってすませてよいのでしょうか?

> こんな人に
> こんな場合に
> ・激しい自傷や他害、破壊行動がある人に
> ・「要求」のコミュニケーション手段をもたない人に
> ・支援者間で自傷等を「パニック」と総称している場合に

「パニック」と総称すると見失う
行動の「理由」

「パニック」には共通する定義が見当たりませんが、どんな行動にせよ、自分でコントロールできず、気づいたらなっていたというものではないでしょうか。しかし、機能的なコミュニケーション手段をもたない人は直接的な行動で示すしかなく、一見パニックに見える行動は「意図的な要求や拒否の表現」かもしれないのです。暴力的な行動でも、支援者に通じたら「コミュニケーションは成功」であり、次回も同じ行為をするでしょう。これはコミュニケーション不全または社会的に不適切なコミュニケーションで、改善の余地があります。「パニック」という言葉で総称すると、こうした原因を見逃しがちです。まずは行動の具体的な記録をとることからはじめましょう。記録は事例検討の根拠となります。理由を検討できる姿勢をもちましょう。

うまくいかなかったら

要求や拒否の表現で
激しい行為に陥っていた場合

機能的なコミュニケーション手段がなく、激しい行動
で伝えることしかできないのは、本人としてもつらいこ
とでしょう。そのような行動をしなくても、支援者に適
切に伝える手段をもつことができれば、暴力的な行動
をしなくてもすむようになります。

例えば、絵が描かれたカードで要求や拒否を表現す
る、首を振る、手を挙げるなどのジェスチャーなら理
解できるかもしれません。このような「できない」「つ
らい」を支援者に対して表現してもらう練習をしましょ
う。

なるべく単純でシンプルなサインで「できない」「つら
い」「やりたい」が表現できるように、本人と支援者
ですりあわせていきましょう。

POINT 要求と拒否の
表現の手段を考えよう

 誰とどう連携する?

支援者間で行動の記録をとり
行動の原因を探る

「激しい行動」は、本人にとってどんな機能をもってい
るのかということを探るには、支援者全員による記録
が大切です。「〇曜日〇時、作業中に顔を叩きだした」
というような簡単な記載で十分です。記録を続けると、
「〇〇の作業の時に多い」「〇〇の日課の後に多
い」というように、激しい行動が表れる傾向が見えてく
ることがあります。そうすれば、「〇〇の作業が嫌いな
のかも」などと仮説を立て、別の日課を選べるようにす
るなど、対策を練ることができます。仮説を実践し、う
まくいったかどうか検証を続けていくと、行動の原因に
たどりつける可能性が高まります。

支援者が作り出す「雰囲気」が
おだやかな空間を作り出す

「いつもワイワイ騒がしくて……」
「利用者さんはみんな声が大きくて困る」という相談を受けることがあります。
しかし、支援者を含む「環境」に原因があることも多いのです。

ゆったりと落ち着いた
柔らかい雰囲気を作るには?

行動障害のある人は、周囲の環境に影響を受けやすい傾向があります。そのため、自分の周囲が騒々しいと、本人の声や動きも大きくなりやすいのです。その状態を自らコントロールすることも難しいので、支援者が落ち着いた環境を作り出す必要があります。大きな声で問いかけると、原則的に同じボリュームで返ってくると考えましょう。声かけはおだやかな音量の声で行い、声が届かなければそばに寄るなどの工夫が必要です。

動きにも気をつける必要があります。落ち着いた雰囲気を作りたいのなら、支援者がゆっくり静かに動き、「忙しいオーラ」を出さないことが大切です。おだやかな雰囲気が定着するほど、利用者も比例して落ち着き、より活動に集中できるでしょう。

誰とどう連携する？

他の支援者と連携して
落ち着いた空間を作り出す

施設全体の雰囲気は、1人では作り出せません。1人の支援者が落ち着いた雰囲気を作り出そうとおだやかに行動しても、他の支援者がせわしく動いては、部屋全体の雰囲気はやはり騒々しい感じになってしまうでしょう。

仮に、支援者がゆっくりとした動きをとると「さぼっている」などと思われる風潮があるのなら、それは支援の方向性としても、働き方としても正しい認識とはいえません。自閉症・行動障害のある人の支援現場で、落ち着いた雰囲気を作ることの重要性などを、支援者のミーティングで話し合い、意思統一しておく必要があります。

 たくと大府の実践例

支援者間で、言葉を使わない
意思疎通の「サイン」を決める

本施設では特に静かな環境を作り出したい時、支援者間でハンドサインや通り言葉（固有のグループだけで通じる言葉）を使っています。例えば、電話がかかってきた時に、「電話！」と言って伝えるのではなく、手話のように手で受話器の形を作ってアイコンタクトで知らせます。また、利用者のトイレや着替えなど直接介助がある場合、「○○さんトイレ行ってきます！」など大声でやりとりすると、本人が恥ずかしいのはもちろん、静かな雰囲気を壊しかねません。そこで、トイレのことを「3番」として3本指を立てるという通り言葉を決めています。このサインを立てて、トイレに行くこと、終わっていることを伝え合うことができます。自施設でよく使う言葉のハンドサインや通り言葉を設定してみましょう。

交替を示すハンドサイン

トイレを示すハンドサイン

作業を示すハンドサイン

成功体験の積み重ねが
嫌な「フラッシュバック」を予防する

利用者が理由もわからず突然泣き出したり、怒り出したり……
支援に困りがちなこんな状況の原因の一つ
「嫌な思い出のフラッシュバック」の予防をするには?

嫌なフラッシュバックを
予防するには?

自閉症のある人の中には、過去の思い出を突然思い出してしまう「フラッシュバック」現象が起こる人がいます。記憶の再生を自分でコントロールすることが難しく、良い思い出が頭に浮かべば急に笑い出したり機嫌がよくなりますが、思い出したくないことが頭に浮かぶと、突然泣き出したり怒り出

したりします。怒られた・注意された「失敗体験」が多ければ、必然的にそれらの思い出が浮かぶ確率が高くなり、嫌なフラッシュバックとしてよみがえりやすくなります。そのため、はじめは支援者の手を借りながらでいいので、「何かを達成してほめられた」「気持ちよかった」という「成功体験」を積み上げたいのです。成功体験をたくさんフラッシュバックしてもらい、楽しい毎日を送ってほしいですね。

うまくいかなかったら

失敗体験のフラッシュバック
ばかり思い出してしまう場合

嫌なフラッシュバックばかり起こる人には、「その場所に来ると嫌なことを思い出してしまう」というように、「場所」をトリガー※に連想するパターンができあがっている可能性があります。この場合は、活動場所の変更が必要です。活動場所が変更できない場合は、思いきった大きな模様替えをするなどして、嫌なことのフラッシュバックをリセットしましょう。

また、場所を変えることと同じく有効な手段として、対応する支援者を変える方法があります。これも大きな変化になるので、気持ちが全く入れ替わる可能性があります。フラッシュバックに陥るパターンを崩せるかもしれません。

※トリガー：「引き金」の意で、ものごとのきっかけとなる合図や装置をさします。

POINT : 嫌なフラッシュバックは 場所・人を変えてみる

たくと大府の実践例

支援者や時間帯を変えて
発生パターンを上書きする

過去にトイレから出る時にハンカチで手を拭かずに注意されたことが記憶に残ってしまい、毎回嫌なフラッシュバックが起きてしまう人がいます。トイレの場所は変えることができないので、その時だけ別の支援者が入るようにする、トイレの手順を変える、時間帯や順番を変えるなど、さまざまな条件を変えて試し続け、フラッシュバックに結びつかない状況になりました。

それからは、トイレから上手に出られるようになったことをほめるようにし、記憶を上書きしてほめられた体験を良いフラッシュバックとして思い出してもらうように配慮しています。

ABA（応用行動分析）による行動機能分析

自傷や他害、破壊などいわゆる困った行動を「行動問題」と呼びます。これを解決するのに役立つのがABC分析シート（P16参照）です。このシートを使いこなすことで「行動問題」の機能を明らかにすることができます。

まず、先行事象と行動、その結果を記入して、4種類ある行動の機能（要求・逃避・注目・感覚）を分析し、その行動を維持させている好子や嫌子を割り出せれば、「行動問題」の原因に近づくことができます。まずは、ABC分析シートにある5つのマス（先行事象／行動／結果／機能分析／好子・嫌子）が埋められるように練習しましょう。「行動問題」の原因が推測できれば解決に向けて大きく前進することができます。

さらに、たくと大府では、介入方法として「分化強化」「先行子操作」「消去」「弱化」など、踏み込んで検討できるシートも使っています。ここまで分析できるようになるにはさらにトレーニングが必要になります。

強度行動障害支援者養成研修の実践研修でもABC分析を学ぶことができます。その他、ABAに関する書籍は数多く出ていますし、研修会も開催されています。支援者としてぜひ読んだり参加したりしてください。

第3章

かかわり方の
コツ

第1節　支援者がする「表現」のコツ
第2節　特性を活かした支援のコツ
第3節　「単位」を支援に活かすコツ
第4節　パニック対応のコツ

支援者のしぐさや表情
その全てが伝わっている

言葉でのコミュニケーションが苦手な人は、非言語で支援者の考えや
意向を読み取るといった、受容性のコミュニケーション※を図ろうとすることがあり、
非言語を読み取る能力が高い場合があります。

こんな人に こんな場合に	・音声言語による意思疎通ができない人、苦手な人に ・日頃から支援者の顔色をうかがった動きをする人に ・非言語的コミュニケーションが得意な人に

支援者が意識していないことも
知らない間に読み取られている

本来、自閉症は表情から感情を読み取るのが難しい障害です。しかし、全ての時と場面でその場所で、何をどのようにするのかを伝える「構造化」がうまくいくとは限らず、その場合は職員の表情も大きな手がかりになります。

自閉症を抱え、音声言語でのコミュニケーションが苦手な人は、これまでの生活歴で、言葉に頼らずに周囲の状況を知るための自分なりの技術をもっている場合があります。例えば、話し手の言葉の大きさ、トーン、スピード、動き方、動きの大きさ、身体の向き、構え、距離感などの全てが読み取られている可能性があることを支援者は知っておく必要があります。

※受容性のコミュニケーション：支援者など周囲の人からの情報を受け取って理解することを意味します。構造化も周囲の出来事をわかりやすくする受容性のコミュニケーションの一種です。

誰とどう連携する?

支援員同士で
立ち居振る舞いをチェック

支援者も人間ですから、慌てている時は動きが速くなったり、うまくいかない時は顔つきが険しくなったりします。これは仕方のないことで、自分で気づきにくいものです。でも、知らず知らずのうちに周囲にマイナスの雰囲気を影響させている可能性があり、それを敏感に感じ取る利用者がいるのが、自閉症・行動障害支援の現場です。

そんな時のために、他の支援者が「慌てなくて大丈夫」「笑顔でいこう!」とサインを出せる雰囲気と信頼関係があることが大切です。通常の職場だとなかなかこうしたことはしないものですが、支援現場ではこうした伝え合いが利用者支援の質に直結します。施設のルールとして支援者同士伝え合う風土を作っていきましょう。

 たくと大府の実践例

毎朝のミーティングで
笑顔のトレーニング

支援者は意識的に、原則は機嫌良く笑顔で、いけないことだと伝える時は顔をしかめる、などメリハリのついた「表情による支援」をすることも、支援技術としてマスターしておきたいものです。

本施設では、毎日のミーティングで笑顔を作り、発声するという練習をしています。笑顔の練習は1人でもできますが、他の支援者と練習することでどんな表情になっているかをチェックし合うことができます。自分のイメージした笑顔を作る技術は、家族との面談やお客様の相手をする時にも役立ちます。

また、マスクをしていると表情による支援が伝わりにくいので、感染症対策など別のより高度なリスクがない限り、極力マスクを外すように申し合わせています。

肯定的な言い回しで
不要な混乱を避ける

「ダメ！」「違う！」「〜じゃない！」が口癖の支援者はいませんか？
つい言ってしまいがちですが、こうした否定的な言い回しは強い反発を生む
NGワードです。言い方を工夫してみましょう。

こんな人に
こんな場合に
・否定的な言い回しをされると興奮してしまう人に
・行動が突発的で、制止される場面が多い人に
・ほめられた経験が少ない人に

肯定的な表現に
言い換える練習を

利用者の中には、否定的な声かけに過剰に反応する人がいます。特に行動障害のある人は、衝動的な行動のためにこれまでさまざまな場面で制止されてきたことでしょう。そんな毎日が続くと誰でも嫌になります。なかには簡単な注意ですら大きなリアクションで不快感を示す人もいて、その状態が

続くと、支援者との信頼関係も崩れてしまいます。信頼関係が崩れると、否定的な声かけだけでなく、通常の声かけでも「注意された」と思いこむ可能性があります。そうなると、どんな声かけにも反発が強くなり、その後の支援に大きな影響が出ます。
例えば、「走らない！」を「歩こう」、「入らない！」を「こっちにおいで」など肯定的な表現に言い換えて、本人が言葉から受ける不快な刺激を最小限に抑えましょう。

うまくいかなかったら

過度な要求があり
否定されると不安が強まる

自閉症の特性から、こだわりが強く、欲しい物の要求が強い人もいます。次の活動が予定されていて渡すのに不適切なタイミングに、長時間遊んでしまうゲームなどを本人が「欲しい」と言った時、支援者が「今はないよ」と返事をすると、本人は強迫的になり余計に欲しくなってしまいます。
「作業が終わったら」
「帰りにあげるね」
など、見通しがつくタイミングを知らせる肯定的な返事を返すことで、本人は不安な思いをせずに次の活動に取り組むことができます。

POINT ： 見通しを示し肯定的な表現で
返答して　不安を軽減する

誰とどう連携する?

施設で出やすい否定語を
チームで共有・改善

否定的な表現は自分が気づかないうちに口から出ていることが多いもの。お互いに発している否定的表現に気づくために、施設内で出やすい否定語、よく出るフレーズ、口癖などを、チームでピックアップしてみましょう。この時、「○○さんがこう言っていた」と言った人には言及しないほうが、意見が出やすくなります。
その後、場面ごとにどのように言い換えると肯定的な表現になるかを考えましょう。意外と簡単に見つかるものですし、言葉に出すと案外気持ちがいいものです。紙に書き出して貼ったり、配ってみんなで読んでみて、言えるように練習しておくのもいいですね。

直接的な声かけが苦手な人には
間接的な声かけを

聴覚刺激に過敏な人や、今までの生育歴で注意・叱責などの否定的な
声かけを多くされてきた人は、直接声をかけられることを極端に嫌う場合があります。
言葉で伝えるとしても、ひと工夫が必要です。

作業がんばったから
おやつにしようかな…

声かけが苦手とわかったら
別の方法を考えよう

自閉症・行動障害のある人の中には、聴覚過敏を強くもつ人がいます。支援者の声ですら耳障りに感じているかもしれません。さらに、生育歴の中で、たびたび注意されてきた経験をもつ人も少なくなく、支援者の声かけを注意と勘違いして怒り出してしまう人もいて、続けると状況は悪化します。

そんな人には、直接的な声かけを避け、間接的な声かけを心がけてみましょう。例えば、本人に聞こえる声量ながらも独り言のように、支援者が「作業をがんばった人からおやつにしようかなあ」とつぶやいて伝えることができます。また、全体に話しかけているような声量で「作業が終わったら外出しましょう」などと言えば、声かけの苦手な人にも伝えられます。こんなふうに、少しだけ演出を加えながら、間接的に伝える方法が有効な場合もあります。

うまくいかなかったら

間接的な声かけをしたが
伝わらない場合に

直接的な声かけをすると怒ってしまうので、間接的な声かけに切り替えたものの、今度は耳に入っていないような場合は、コミュニケーション手段を音声言語から視覚支援に切り替えてみましょう。こうした人は、障害の特性上、音声ではむしろ理解が難しくなることが考えられるので、音声に頼らない方法に変えるという発想です。

文字が理解できる人なら、紙やホワイトボードに筆談のように書いて伝えてもよいでしょう。こうした工夫で、利用者も支援者もストレスなくコミュニケーションができます。

POINT 音声言語で伝わりづらいなら
視覚で伝えよう

「直接的→間接的な声かけ」変換例

直接的な声かけ	間接的な声かけ	
	言葉	伝え方
○時になったら 作業を終了してください	○時になったら 作業を終了しようかな	近くに寄って、 独り言のように
おもちゃを片づけたら 給食にしましょう	△△さん（別の人に）、 片づけができましたね! では、給食にしましょう	別の人の近くで、 かつ全体に伝わる声量で
○○さん、ゲームをやりすぎ! 終了しましょう	長時間ゲームをしている人が いたらそろそろ終了しましょう	全体に向かって
買い物の時は 大きな声を出さないでね	大きな声を出すと買い物できない から、静かな人と行こうかな	近くに寄って、 独り言のように

過剰な要求には
「人の壁」から「物理的な壁」に移行

こだわりのある人は、時に執着し続けてしまうことがあります。
「人の壁」である支援者を何とか説得して「こだわり対象物」を獲得しようと
し続ける場合は、「物理的な壁」に移行しましょう。

「人の壁」と「物理的な壁」を使い分けよう

行動障害のある人は、衝動性の強い人が多く、昨日までは何ともなかったのに今日突然こだわりが発生することもあります。その場合は支援者が間に入って「人の壁」になる対応をとることが多いのですが、それでは収まりがつかない場合も多いのが現状ではないでしょうか。壁が人ならば、本人も何とか手に入れようと必死に交渉してきます。こうなると何時間も収拾がつかない場合もあります。このような場合は、物理的な壁に切り替えましょう。支援者やこだわり対象物が見える限り本人も納得できないので、事態は悪化するばかりです。こだわり対象物を奥の部屋にしまう、ロッカーに入れるなど見えなくして、支援者もいったん姿を消しましょう。支援者・本人両者のストレスが最小限に抑えられます。

どんなものがあると便利？

カギ付きロッカー等で「こだわり対象物」を出せなくする

欲しがっているものを見えないところにしまっても、しまったところがわかると自分で開けようとしてしまう場合があります。こだわりが発生すると、開けてでも欲しくなってしまうのです。この場合は、カギ付きのロッカーや部屋に入れることも考えましょう。

このような対応は一見冷たく感じますが、どのみち制止されるのであれば、完全に開かない物理的な壁は本人にとってもあきらめがつき、精神的な負担は少ないようです。次第に気持ちの切り替えも早くなり、日課に集中してもらえるでしょう。そして、「作業が終わったら」や「帰る時に」など、いつになったら獲得できるのかを伝えましょう。

誰とどう連携する？

支援者が連携して「壁」の移行をスムーズに

「人の壁」の対応から「物理的な壁」の対応に移行する場合、1人の支援者ではロッカー等にしまう時に取り合いになってしまうかもしれません。

まず「人の壁」の対応をしている間に、他の支援者がこだわり対象物をカギ付きロッカー等に移動させて「物理的な壁」を完成させます。その後、要求相手となっている支援者は素早く一時的に姿を消します。こだわりが非常に強い人には、このような支援者間の連携も重要です。そして、渡すことができる対象物であれば、どんな条件で渡せるのかを伝えます。

支援者ごとに態度を変える人への対応は?

自閉症の人は、物へのこだわりと同じように、人へのこだわりもあります。
利用者が支援者を選ぶ権利はあるものの
あまりに行きすぎると困ることもあり、対応が必要かもしれません。

こんな人に
こんな場合に
・かかわる支援者が固定している場合に
・一定の支援者としか会話ができない人に
・支援者によって態度を変える人に

人へのこだわりが強くなると支援の継続が困難になることも

自閉症・行動障害のある人は、一部の物に対してだけではなく、人への執着やかかわり方でこだわりをもつ人も少なくありません。誰にでも特定の人と仲良くしたい気持ちはありますが、特定の支援者としかコミュニケーションをとらない、ある支援者の指示だけ受けてくれない、避けようとするなどの

こだわりが強くなると、支援の継続が困難になり、コミュニケーションの選択肢も増やせません。
こうした状況は固定した支援体制で起きやすくなるので、さまざまな支援者が普段からかかわるチーム支援を心がけ、こだわりの発生を予防しましょう。
自閉症・行動障害のある人は、生涯にわたって、ライフステージごとに支援体制が変わり、多くの支援者がかかわり続けます。いつでも支援のバトンを渡せるようにしておきましょう。

誰とどう連携する?

人への強いこだわりがみられたら すぐ他の支援者と交替を

人へのこだわりが固着することを予防するためには、チームでの支援が欠かせません。こだわりが始まった場合は、すぐに別の支援者に交替するチーム支援が原則です。

ただし、どのコミュニケーション・行動が人へのこだわりなのかは、当事者同士にしかわからないこともあります。

「最近なぜか自分の周りに来ることが多い」

「やけに自分にからんでくるな」

など、少しの違和感を見逃さないようにしましょう。それが本人のこだわりかもと思った時には、支援者間でサインを決めておくなどして、速やかに支援者を交替する、間に入るというように、変化をつける対応ができるようにチーム全体で相談しておきましょう。

たくと大府の実践例

不適切なコミュニケーションには あっさりした対応を

特定の支援者に、「おはよう」などしつこく同じ挨拶をすることで、困った支援者の表情を見るのが楽しくなってしまった人がいました。このような日常生活の範囲を超えたやりとりを楽しむことを覚えてしまうと、今後他でも同様に、一般的に許容されにくい独特なコミュニケーションの楽しみを見つける可能性があります。

こうした兆候が見られたら、その場だけすぐに支援者を交替してこだわり発生のパターンを崩します。さらに、交替した支援者は「さっき挨拶したのでもういいです」と困らずにあっさり返答します。あっさり返されると本人は楽しさを感じないようで、しつこく挨拶する行動は減っていきました。

時には要求に応えないことも
支援の一つ

行動障害のある人は、自ら解決できないことを支援者に要求してくることがあります。
どうしても要求に応えられない時は、
さまざまな方法で「No」「できない」と示すのも支援の一つです。

こんな人に
こんな場合に
・支援者に過剰な要求をしてくる人に
・要求がはじまると獲得するまで納得できない人に
・時と場合を考えずに要求を通そうとする人に

どうしても応えられない要求には
意図的に姿を隠してみる

行動障害のある人は、さまざまな要求をさまざまな形で支援者に伝えてきますが、時・場合・内容により、すぐに叶えられないこともあります。しかし、「できない」と言っても通じないことも少なくありません。この場合、要求されている支援者は、いったんその場を離れ、姿を隠してみましょう。視覚優位の

特性がある場合、要求先である支援者が見えなくなると、気持ちが切り替わるかもしれません。また、普段あまり接点のない支援者と交替して「わからない」と対応すれば、本人も「この人には伝わらないだろう」と別のことに気が向いてくれるかもしれません。今叶えることができないのであれば、要求する人とされる人が離れたほうが、両者にとって負担が少ないです。気持ちを切り替えてもらい、新たな活動にチャレンジしてもらいましょう。

うまくいかなかったら

姿を消しても探し回って
不安が増してしまう場合

支援者が姿を隠しても、本人があきらめずにずっと探し回っている場合は、この方法では効果が不十分だと考えましょう。

本人の要求がどんな条件であれば提供できるのか考え、「○○（条件）をやって終われば、◇◇（要求）ができるよ」など、交換条件を提示して、その条件を満たせば叶えられることを交渉し、約束しましょう。

ただし、条件を示して交渉することは普段から練習しておく必要があります。「何かをがんばった結果として自分の要求が実現する」という経験が積み重ねられていないと、交換条件の意味がうまく理解できません。交換条件で、がんばる力を育てましょう。

POINT 「交換条件」を用いて
要求を叶える交渉を練習する

 誰とどう連携する?

過剰な要求が他の支援者に
飛び火しないための連携を

本人の要求がかなり強い場合、担当支援者が隠れても他の支援者に同じ要求を繰り返してしまう場合があります。それでは担当支援者が隠れた意味がありません。そのまま要求し続けていい状態にすると、誰にでも際限なく要求をし続けるようになってしまうかもしれません。

こうした場合、新たに要求の矛先が向けられた他の支援者は、要求の相手が他に広がらないように「私にはわからない」「○○さん（担当支援者）がきたら聞いてください」などと答えるよう、支援者間で連携しておきましょう。

基本

本人の好きな色を活かして支援する

「この色を見ると癒される……」ということはないでしょうか。
行動障害のある人にも、特にそう思える色があるかもしれません。
そのような色を意識して支援しましょう。

こんな人に
こんな場合に

・好きな色を身につけていたい人に
・破壊行為があっても、好きな色の物は壊さない人に
・「色」で自分の物かどうか区別がつく人に

特性としての「好きな色」は支援にも大活躍

私たちにも好きな色があるように、行動障害のある人にも好きな色があります。視覚優位という障害特性を考えると、好きな程度は私たちよりはるかに強い可能性があります。こうした色を本施設では「マイカラー」と呼んでいます。

障害のある人は、マイカラーに囲まれると安心で

き、おだやかに過ごせる可能性があります。私たちが自分の部屋を好きなポスターやカレンダーで飾るように、その人が活動する部屋も、マイカラーをふんだんに盛り込んでみてはいかがでしょうか。落ち着いた生活を生み出すきっかけになるかもしれません。

マイカラーは、本人をよく観察することで見つかります。集めている物、見つめている物などに共通項はないか探してみましょう。

どんなものがあると便利?

構造化や自立課題にも
マイカラーの導入が有効

マイカラーは、その人の気持ちを落ち着かせるだけでなく、活動を促したり、意欲を引き出すことにも活かせます。

例えば、自立課題（P35・88・122〜127参照）などの取り組むべき課題に必ずマイカラーを入れ続けると、そのカラーのものや課題を「自分の取り組むもの」と認識しやすくなります。さらに、好きな色を見ながら積極的に取り組むこともできます。

その人の日課・スケジュールの表示やワークシステム（P88参照）も、マイカラーを使うことで「自分の予定」「自分の仕事」と親近感をもってくれるでしょう。色だけではなく、その人の好む音、においなど、肯定的な好みを見つけ出し、支援に活かす姿勢が大切です。

 たくと大府の実践例

「マイカラー」の発見と
生活への生かし方

頻繁に破壊行為がある人がいました。支援者が困りつつも、その人の行動を冷静に観察してみると、「緑色のもの」は壊していないことに気づいたのです。それが「特性としてのマイカラーの存在」を知った最初でした。

試しに、その人が頻繁に蹴っている壁に緑色のシートを貼ったところ、その日からその壁を蹴らなくなりました。さらに、本人しか使わないスケジュール、タイマー、パーテーションなどさまざまなところにその人のマイカラーを活かし、個別化を促進しました。活動の柱としている「自立課題」にも緑色をふんだんに使うようにすると活動が楽しくなり、今では安心して過ごせるようになりました。

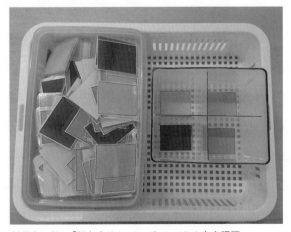

利用者の好む「緑色」だけでオーダーメードした自立課題

「秩序や反復が好き」なら
その特性を生活に活かそう

自閉症・行動障害のある人は、きっちり並んでいたい、
あるべき場所に戻したい、いつも通りにしたいという特性があります。
これらの特性は長所にもなり、支援に活かすことができます。

こんな人に
こんな場合に
・出したものをすぐに元の場所にしまいたい人に
・バラバラが嫌で、整理したり、等間隔に置きたくなる人に
・順番が違うと行動が止まってしまう人に

特性により、片づけや
整理整頓が得意分野に

秩序を好み、いつもと同じ通りにしたい、元通りにしたいという特性は「同一性の保持」「常同的・執着的行動」と呼ばれます。物の置き場やいつもあるべき場所に戻したくなり、制止されると余計に不安になり、元通りにしたい気持ちが強くなります。一見すると、困った行動にも見えますが、この特性は毎日の支援に活かすこともできます。例えば、元に戻したいのですから片づけは得意ですし、汚れやゴミがあれば取り除こうとしてくれて「掃除」が得意な日課となります。このように、一見短所といえる特性も、反対側からみれば長所になるというように捉え直すことを「リフレーミング」といいます。少し困った「同一性の保持」がみられたら、支援者はリフレーミングし、どうしたら活かせるか考えてみましょう。

誰とどう連携する?

物の置き場・掲示物・配置等 いつも同じになるように 支援者で統一理解を

「同一性の保持」の特性がある人は、あらかじめその人のルールを他の支援者にも周知し、理解してもらいましょう。私たちには何気なく置かれているように見える物も、彼らからすれば動かすのは一大事です。さらに、一度不安を覚えてしまうと毎回不安がよみがえり、余計にこだわってしまう可能性があります。

支援者は、この特性をふまえ、軽率に物の置き場を動かさないよう配慮をしましょう。支援者が特性を理解できれば、物を片づける、ゴミをきれいにするといった日常生活に役立つ行動を伸ばす取り組みに発展させることができるでしょう。

 どんなものがあると便利?

整理整頓を活かすための 「収納場所」「収納用品」を用意

物をしまうべき場所を設定するには、箱など入れる物を用意する必要があります。特に自閉症のある人は秩序だったものを好むので、箱も統一感のあるものや、入れる物を細かく分類できるものがよいでしょう。また、棚にそのまま置くより、トレイに乗せて置いたりシートの上に置いたりなど、ひと工夫することで上手に整理してくれます。逆に、袋のように形が定まらないものは好まない傾向があります。きっちり、整然と、秩序ある棚や箱の使い方が好まれます。

掲示物を「何もない壁にしたい」とはがす人もいます。壁に大きな紙やコルクボード、板などを貼った上に掲示物を貼るなら気にならないなど、同一性の保持が発生しないポイントもあるので、いろいろなもので試してみましょう。

視覚優位の人には
「見えなくする支援」が有効

自閉症のある人は「視覚優位」であるといわれます。
この特性があるからこそ「視覚支援」は有効ですが、
一方で、目に入る物が過剰な刺激となってしまう場合もあります。

過剰な視覚刺激を
制限しよう

自閉症のある人の代表的な特性として「視覚優位」があります。言葉で理解するよりも、目で見て映像として理解することを好み、見える情報を解釈するのが得意です。このような視覚的手がかりに従って動く人には、視覚支援が欠かせません。しかし視覚優位は、目に入るさまざまな刺激にも同時に反応しやすくなります。活動に関係のない刺激は無視して意識に入れないという取捨選択は、特性的に苦手です。そのため、こうした刺激の制限を支援者が行う必要があります。視覚刺激の制限とは、例えば、活動に関係のない物を片づけておく、見えないようにフタをする、カバーをかけたりすることで、それだけでも大きく違います。
必要に応じた刺激のコントロールで混乱のない毎日を提供しましょう。

どんなものがあると便利?

こだわり対象物を隠せる
大きめの布や
フタ付きの大きな箱

本人がこだわりのある対象物を完全に見えなくする
支援は、ホームセンターにあるフタ付きの収納ボック
ス（商品名はRVボックス・ツールボックス・園芸ボッ
クス等）でやりやすくなります。サイズも豊富なので、
部屋の広さや対象物に合わせて大きさを選ぶことが
できます。

多くの製品には取っ手がついているので、持ち運び
にも便利です。利用者が開けようとしてしまう場合に
は、別売りでカギを付けることもできます。

何度も収納ボックスに入れるのが面倒だったり、動か
しにくいものには、大きめの布をかぶせて一時的に
見えなくすることができます。「見えない＝そこにはな
い」と認識する人も多くいます。

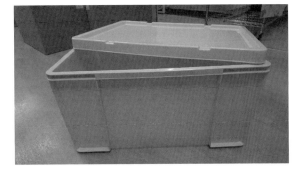
フタ付き収納ボックスで見えなくする

布をかぶせて見えなくする

うまくいかなかったら

見えなくしても
さらにこだわってしまう場合

こだわりのあるものをフタやカバーで覆って見えなくして
も、記憶力がすぐれていたり、感じ取る力の強い利
用者は、思い出し、カバー等をはがして手に取ってし
まうことがあります。その場合は、別の部屋に持って
いく、カギ付きロッカーにしまっておくなど、「こだわり
対象物」を本人から完全に見えなくなるように工夫しま
しょう。

支援者が「こだわり対象物」をボックスに入れたり別
室に運んだりと視覚遮断する様子を見て、利用者が
さらに要求したり別室までついてきてしまう場合は、時
間や場所を限定して触ることを認めたり、○○の日課
の後なら触れてもよい等の条件を設けるなどと1人の
支援者が説得している間に、もう1人の支援者が別
室に移動させましょう（P75参照）。

POINT : 固執性が強い人には
対象物を完全に見えなくする

85

視覚・聴覚の支援だけでなく
五感を意識した支援を

「視覚優位」「聴覚過敏」という概念は、障害支援の中では
よく知られるようになってきました。しかし、感覚障害のある人は、
嗅覚、味覚、触覚にも過敏性があることもあり、配慮が必要です。

こんな人に
こんな場合に

・においに敏感で、特定のにおいを嗅ぎたくなる人に
・偏食が多く、同じものばかり食べている人に
・触覚が敏感すぎて、気温や湿度の変化が苦手な人に

視覚・聴覚だけでなく
嗅覚・味覚・触覚の支援にも考慮を

自閉症の特性として「視覚優位」「聴覚過敏」は
よく知られていますが、特定のにおいを嗅ぐ、特
定の物しか食べない、触れられるのを嫌がるなど、
他の感覚に特徴的な表れ方をする人は少なくなく、
こうした感覚障害はさまざまな表れ方をします。
しかし、その特性も支援に活かすことができます。

例えば、嗅覚過敏は「好きなにおい」が存在す
るということです。そのにおいを「ごほうび」として、
がんばってもらうために活用しましょう。味覚過敏
も、「非常に好きな食べ物」が強力なごほうびと
なります。触覚過敏の人は、夏の暑さや湿度に
敏感な場合がありますが、空調を強めにすること
で快適に過ごせる可能性があります。個別化さ
れた空間を用意できればこのような支援も可能と
なります。

誰とどう連携する?

感覚刺激を活かした支援は
家族や周囲の同意を得る

その人の好きなものを嗅いだり、食べたり、触ったりしてもらうなど、嗅覚・味覚・触覚刺激を活かした支援は、それだけを嗅いだり触ったりしているため、一見すると社会的に不自然な行動に見えます。それだけに、こうした支援をするかどうか慎重に考え、家族や支援者など、周囲の同意を得てから行いましょう。

さらに、実践する場合も、時間や場所を限定したり、他の人から見えるところでは行わないなど、慎重に導入することが大切です。

 たくと大府の実践例

大好きなにおいや強めの
空調管理で快適な生活を

特にミント系のにおいに敏感で、歯みがき粉やガムの包み紙などに強い興味がある人がいます。しかし、歯みがき粉やガムの包み紙を嗅いでいるのは見栄えのよいものではありません。

そこで、ミントのアロマオイルをハンカチに染み込ませて嗅いでもらいました。社会的にもより自然で、本人も満足しています。アロマオイルは小瓶で持ち運びしやすく、ハンカチを鼻に当てているのは見た目にも大きな違和感がなく、外出先でも重宝しています。

この人は触覚過敏もあり、暑さや湿度に敏感なため、夏の暑い日には空調や扇風機の風が本人に当たるようにしたり、空調の設定温度を下げることで、感覚的に涼しさを感じてもらえるようにしています。

特性を把握し
オーダーメードの「自立課題」で支援を

自閉症のある人に適した日中活動の一つに「自立課題」があります。
自立課題は、本人の特性に応じてオーダーメードで作られ、
本人が達成感を得ることができます。

こんな人に
こんな場合に
・施設が設定した日課を拒否しがちな人に
・できる作業、やる気の出る作業が少ない人に
・自立して何かに取り組む時間を作りたい人に

特性を活かした自立課題で
毎日の日課を充実させよう

自閉症のある人の特性に「実行機能の困難さ」
が挙げられます。例えば、事前に計画を立てず
行動に手をつけ、途中で止めてしまうこともありま
す。物事には、必ず始まりと終わりがあり、最適
な手順がありますが、自閉症のある人は最適な
手順を見つけ出すことが難しいので、構造化の力
を借りることになります。自立課題は、その人が
見てすぐ「どのようにすればよいか」がわかり、取
り組める形で提供します（視覚的構造化）。さら
に、自立課題を含む日課について「何をするのか」
「どれくらいするのか」「どうなったら終わりなのか」
「終わったらどうするのか」という点を伝えると始ま
りと終わりがはっきりし、最適な手順で取り組めま
す（ワークシステム）。構造化された自立課題を用
いることで日中活動はより充実したものとなります。

どんなものがあると便利?

お菓子の空き箱やダンボール 食品容器などで自立課題製作を!

本人に適したオーダーメードの自立課題を作るには、材料が必要です。できればお金をかけず、うまくいかなくても無駄にならないよう、はじめは不用品を集めて作りましょう。空き箱やトレイなどは集まりやすい材料です。

初めての自立課題製作で初心者にお勧めなのは「プットイン」という自立課題です。箱や缶などの入れ物に物を入れていき、入れ終わったら終わり、というシンプルな課題です。しかし、使う利用者本人の特性によって、箱や缶の材質・大きさ、入れていく物の大きさ・重さ・質感・量など、考えられるバリエーションは無数にあります。さらに、本人の好きなキャラクターや色・食べ物の絵を入れるなどしてアレンジすれば、より楽しい活動になるでしょう。

たくと大府の実践例

毎日取り組めるよう 豊富な自立課題を用意

本施設では自立課題を活用した療育を日課の柱としています。開始から完成まで1人でたどり着ける、達成感を得られる活動としての意義もありますが、例えばボタン・ファスナー・時計・お金など日常生活で役立つ物に慣れる、色・数・文字・柄などの違いや理解を促進するといった効果も期待できます。本人の手先が不自由でも、集中力がわずかでも、自立課題は本人の特性に合わせて作るので、全員が取り組むことができています。

しかし、毎日同じものをしていては、さすがに飽きてしまいます。1回に取り組む量や時間も個別化し、本人の興味・関心をくすぐるものを豊富に用意することで、自立課題の日課を続けることができるのです。

さまざまなカテゴリー（プットイン、分類、マッチング等）の種類豊富な自立課題を用意すれば、毎日新鮮な気分で取り組んでもらえる

ちょっと待つ時間に活用
どこでも使える「10秒ルール」

10秒・30秒といったほんの少しの待ち時間
（利用者にとっては「≒がまんする時間」）は生活の中にあふれています。
しかし、「ちょっと待って」という言い方は概念的で伝わりにくいものです。

> 1、2、3、4、‥‥

こんな人に こんな場合に	・わずかな時間を待つことも苦手な人に ・歯みがきなど嫌なことをがまんすることが難しい人に ・がまんする時間を1秒でも延ばしていきたい人に

「10数えるまで」が
理解しやすい伝え方

歯みがき、薬を塗る、頭を洗う、髭を剃るなど、数秒から数十秒で完了する日常行為は多くあります。しかし、自閉症のある人は終わりの見通しがわからないとがまんできないという特性があるため、こうした行為を嫌がる人も少なくありません。「10数えるまで湯船に浸かる」などのように利用者も「10数えること＝『10』がきたら終わり」と感覚的にわかります。1から数えれば「10」は必ず来ますし、カウントする声で終わりの予測もできます。支援者がゆっくり数えれば少し長い待ち時間にできます。反対に、10秒間がまんできない人には、当初は素早く数えてでもとにかく10まで待ってもらい、徐々に数えるスピードを遅くしていけばいいのです。日常にあふれるちょっとした待ち時間を見通せるようになります。

うまくいかなかったら

苦手な身辺処理で、10数えるまでがまんできない場合

入浴や服薬（塗り薬）、歯みがきなどは、身体の感覚が過敏な人たちにとって、私たちが想像するよりずっと苦痛だと考えられます。しかし、苦手でも日常生活で最低限やらなければならず、他の手段がとれない場合、慣れてもらうための効果的な方法を考えたいものです。

はじめは素早く、数秒で10まで到達するようなスピードでカウントしてみましょう。ポイントは「10で必ず終わる」という意味をわかってもらうことです。また、「いちにさんよん……」と10まで間を空けずにつなげて数えます。「いち、に、さん、よん……」と間を空けると、そのたびに「終わり」を期待されることがあります。

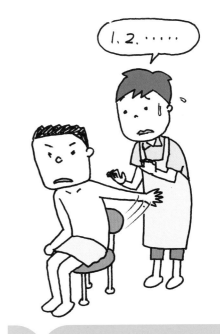

POINT : 10秒ルールに他の「がまん補助」をプラス

COLUMN

「ごほうび」は是か非か

「ごほうび」を用いることに違和感がある支援者もいるかもしれません。しかし、考えてみれば、私たち自身もごほうびの中で生活しているのです。仕事の対価である給料はごほうびですし、何かをがんばったら自分へのごほうびとしてデザートを食べるなど、小さなごほうびを自ら設定している人もいるでしょう。

ごほうびとしてはものや食べ物、お金をイメージしやすいです。「作業を○○個したらおやつになる」など、がんばる数値・指標を明確にすることで、次に進もうとする段取りを組むことも有効です。

一方、私たちも「1年がんばったので年末に旅行に行く」など、活動のごほうびを支援に活かす方法もあります。日課の最後に大好きな活動を予定すると、得意でない日課、苦手な日課をがんばろうという気持ちを引き出すことができます。逆に、苦手なことを最後に回してしまうと、取り組む動機が減ります。

スケジュール提示は
適切な量と中身で

構造化されたスケジュールを使う支援はとても有効です。
しかし、支援者が「1日の全体提示」にこだわったり、活動内容の詳細まで
伝えようとして、かえって本人が混乱をきたしていることもあります。

こんな人に
こんな場合に

・スケジュールに好きな日課がないと怒ってしまう場合に
・スケジュールの順番を入れ替えようとしたがる場合に
・スケジュールを先にどんどん進めたがる場合に

トラブルを引き起こさない
構造化されたスケジュールを

構造化されたスケジュールは、自閉症・行動障害のある人が快適な生活の見通しを立てるために使われます。1日の流れを活動単位で示すのが通常ですが、「先の日課にすぐにたどり着きたい」と思う人もいるため、トラブルが起こることがあります。また、細かい内容まで示しすぎて、「小さなことまで必ずその通りにしたい」と、かえって本人のこだわりを発生させてしまう場合もあります。

支援者は、スケジュールは個別に作られるべきものであることを忘れてはいけません。人によっては、あえて次の予定を提示するだけにする、大まかな活動内容のみ表示する(「○○の作業」ではなく「作業」とだけ表示)といった工夫も必要になります。本人に適したスケジュールであれば、自立的に予定を確認して日課に参加することができます。

うまくいかなかったら

次の提示だけ・大まかな提示にしてもトラブルになってしまう場合

スケジュールの量や内容を調整してもうまくいかない場合は、さらに視野を広げて、他の要因も再点検しなければなりません。トラブルを招いているなら、支援のためのスケジュールとはいえません。スケジュールに示された文字・写真・イラストなどの内容を本当に理解しているのか、日課のパターンが単調になりすぎていないか、掲示してある場所に問題はないかなど、どこにつまずきがあるのか調べてみましょう。

そもそも、スケジュールは本人のためのもので、支援者が思い通りにコントロールするためのものではありません。やりたいことが1つも入っていないようなスケジュールは、本人は見たくもないでしょう。時には本人が「やってみよう」と思えるスケジュールかどうかも見直してみましょう。

POINT 視野を広げて
スケジュールを再構造化しよう

 たくと大府の実践例

理解できて見通しのある日課をあえて提示しない支援

写真によるスケジュールを使っている人がいます。最初は、細かい情報まで伝えようと1日全体の中で「トイレ」「休憩」「給食」「終礼」など毎日ある日課も盛り込み、詳細なスケジュールにしました。しかし、並べると写真が小さくて見にくく、今どの日課をしているのか注目しにくいスケジュールとなってしまいました。そこで、「トイレ」「休憩」などは日課として定着しているためスケジュールから除き、日によって変化する日課のみを提示するようにしました。すると、写真の枚数も少なくスッキリして見やすくなって、今何をする時間なのか注目しやすくなりました。

「時間で行動を区切ること」を支援者が押しつけない

支援者は1日、1週間、1か月……という時間の単位に合わせた
日課や計画を組んでいます。しかし、「時間」という単位は
自閉症・行動障害のある人にも常にしっくりとくるものでしょうか?

こんな人に
こんな場合に

・1日という単位では日課の全てをこなせない人に
・1日という単位では気持ちを切り替えられない人に
・時間の単位より活動の単位で切り替えを意識する人に

「時間」ではなく「活動」を軸に 1日を組み立てる人もいる

私たちが普段当然のように意識している「時間」という単位。利用者も、時計を理解できる人は「1日=24時間」を意識できます。しかし、その概念を理解するのが難しい場合があります。施設の活動でも、支援者は「○時だからおしまい」など時間を軸に日課を進めがちです。しかし、時間の概念が弱く、「活動(行動)」を軸に日課をこなしたい利用者は、時間で制限されても納得できません。一般的な活動時間帯とあまりにかけ離れない限り、その人の活動ペースを尊重したいものです。「時間」の都合に合わせてもらう必要があるのなら、時間内に終わる分量や長さにするなど、時間内に活動が進められるような調整が必要です。

うまくいかなかったら

活動にこだわりすぎて
次の日課に進めない場合

活動単位で日課をこなすタイプの人には、時間で切り替えができず、活動（今やっていること）がやり終わるまで延々と続けてしまう人もいます。なかには、周りがどんどん別の日課に移行しているのを気づいているのに、自分だけが終われるタイミングが来ず、「終わりたくても終われない」と苦しんでいる人もいるのです。

そういった人には、活動の終わりが調整しやすい日課を用意しましょう。例えば作業なら、作業分量が調整できるものを用意します。その日の日課の都合に応じて増減できるので、本人の調子や取り組むスピードに合わせて、かかる時間を微調整することができます。

POINT 活動単位で考える人には
活動量を調整できる日課を

誰とどう連携する?

本人の目の前で増減しないよう
他の支援者と連携して配慮

上のような状況で、作業活動を終わらせようと支援者があからさまに活動量を減らすと、本人の反発を招く場合があります。最初に見た分量に「同一性の保持」の特性がはたらき、どんなに多すぎても「この分量」をやらないと気がすまなくなってしまうためです。

そのような場合は、支援者が「お手伝い」をして、徐々に作業を減らしたり、その他の支援者が横でそっと作業量を調整したりと、本人に大きな変化を感じさせない配慮をするとよいでしょう。

時間と活動量のバランスがとれているのがベストです。その日の本人の活動スピードを観察しながら、急に増減させるのではなく、徐々に調整できるように、他の支援者にも配慮してもらいましょう。

第3章

第3節 「単位」を支援に活かすコツ

活動の単位を
タイマーやアラームで伝えよう

活動の終わりのタイミングがわからない、
切り替えのタイミングがつかめず終われないという人の場合は、
時間以外の「終わり」のタイミングを知らせる環境設定をしましょう。

> こんな人に
> こんな場合に
>
> ・1つの活動を自分が満足するまでやり続ける人に
> ・次にやることがわかっていても切り替えできない人に
> ・切り替えの合図が支援者の声かけのみという場合に

活動の「終わり」「切り替え」の合図を決めておこう

自閉症の特性である実行機能の困難さは、活動の終わりがわかりづらいという状況を生みます。「終わり」の方法を伝える構造化は「なくなったら終わり」「満タンになったら終わり」などいくつかありますが、「合図があったら終わり」という方法もあります。支援者の声かけはもちろん、文字や絵による表示も終わりを知らせる合図の一つです。特にタイマーやアラームは、セットしておけば自動的に知らせてくれるので、自立度を高めるのに実用性が高い方法です。使い始めは、音が鳴っても何のことかわからない可能性があるので、まずは、その人が比較的終わりやすい活動から、これまでは支援者が声かけしていたところをタイマーやアラームに切り替えて練習してみましょう。自分でタイマーを使いこなせるようになる人もいます。

どんなものがあると便利?

キッチンタイマーは安価で
持ち運びやすく、
どこでも使えて便利

活動の終わりを知らせる支援に活用できるタイマーや
アラームは、置き時計やスマートフォンのアラーム機
能などいくつかあります。中でも最も使いやすいツー
ルがキッチンタイマーです。コスト面ですぐれていて、
100円ショップや、家電量販店などで1,000円程度
で購入できます。色や形、音の鳴り方、音量など
種類も豊富なので、一部屋に複数あっても誰の音
が鳴っているのかわかりやすいのです。さらに、マグ
ネットが装備されていればホワイトボードなどに留める
こともできますし、首にかけるひもがあれば、支援者
や本人が持ち運びやすく、置き忘れにくいという利点
もあります。本人の好きなキャラクターや色なども考
慮すると、より親近感のあるツールになるでしょう。

素材提供:株式会社タニタ

うまくいかなかったら

活動に夢中になりすぎてタイマー
が鳴っても終われない場合

タイマーやアラームは気持ちや行動の切り替えのきっ
かけとして使うものですが、その活動に夢中になりすぎ
て「もっとこれをしていたい」と思っている場合は、合
図があっても終わることはできないでしょう。こうした合
図は、やりたいことやこだわりを突然ストップさせるため
に使えるものではありません。
やりたくて続けている場合は、次のスケジュールを提
示する、本人が今よりもっと興味のある活動を提示す
る、交換条件(今終われば○○ができる)を示すなど、
別の方法を使って気持ちを切り替えてもらいましょう。

POINT : 夢中になる活動には
別の手段で切り替えを

ほめる機会を作りたいなら
支援者は「25%ルール」を意識

利用者ががんばっている姿を見たらできるだけほめたいですよね。
でも、途中で手が止まっていたり、時間がかかりすぎたり、
完成度がイマイチだったりすると、ほめどころに迷ってしまいます……。

こんな人に
こんな場合に

・手が止まることが多く、完成に至ることが少ない人に
・ペースが遅く、数多く完成させることができない人に
・普段からほめられるより注意されることが多い人に

成果をほめるのではなく
その過程をほめよう

自閉症・行動障害のある人は、その特性から集中力、持続力が継続せずに達成できない、完成できないこともあるため、1人で自立的に何かを達成する機会が少ない傾向があります。成功体験を得てもらいたいと、達成・完成した時にほめようと考えがちなため、どう評価したらよいか迷うことも

あるでしょう。彼らは上記のような特性を抱えながらもがんばっており、「取り組み続ける」という過程だけでも十分評価される価値があります。
支援初心者は、目安として25%ごとにほめることを心がけてみましょう。「その調子!」「もうそんなにできたの!」「もうすぐ完成だね!」など、経過を評価するような声かけが有効です。25%はあくまで目安なので、さらにほめたほうががんばり続けられる人にはどんどんほめましょう。

うまくいかなかったら

ほめる声かけが苦手だったり
逆に集中力が切れてしまう場合

多くの利用者はほめられることでがんばり続けられるのですが、声かけされること自体が苦手な人もいます。
そういった人には声かけ以外の方法で、評価していることを伝えましょう。文字がわかる人なら声かけで言おうとしていた「その調子！」という言葉を書いて、それとなく机の上に置いて見てもらってもよいでしょう。
また、口頭でほめるだけでは喜びを感じにくい人には、「ごほうびシール」「いいね！」のマークを貼ったり、本人の好きなポイントがたまるような仕組みを作っても効果が高いでしょう。

POINT …… 視覚的ほめ言葉や
励みになる仕組みに置き換え

誰とどう連携する？

機会やバリエーションを増やし
多くの職員にほめてもらおう

25％ルールでほめようと決めた場合でも、決まった時間帯の担当支援者だけではほめ方のバリエーションも限界があります。
そんな時は、他の活動時間の支援者にも、25％くらいでほめてもらうよう協力してもらいましょう。複数の人にほめられることで、「たくさんの人に見てもらっている」「もっと色んな人にほめられたい」と本人のさらなるがんばりを引き出すチャンスになります。
そのためにも、どのような時、何時頃、どんな声かけで、どのポイントをほめるかなどを支援者間で事前に共有しておきましょう。本人に「○○さん（支援者）にもこうしてがんばったことを伝えておくね」と予告しておき、その後その支援者が見に来てほめるなど、連携して評価するのも効果的です。

Great!

Good!

パニック発生!
さらなる興奮を招かない支援のコツ

パニックの対処は難しいもの。
対応を間違えると、静まるどころか、さらに興奮してしまいます。
早く元の状態に戻ってもらうために、支援者がとるべき行動があります。

こんな人に こんな場合に	・パニック時に支援者1人で対応している場合 ・パニックになると、支援者に攻撃的になる人に ・パニックを放置すると自傷・他害・破壊が増す人に

パニックへの対応は「向かい合う」より「隣り合う」姿勢で

パニックの対応は、支援者もあせってしまって、つい「落ち着いてください!」と向かい合って制止しがちです。しかし、そうした言動は逆効果で、落ち着かせるどころか興奮を助長してしまいます。本人が聴覚に敏感であるほど、声かけは意識的に抑えましょう。

また、向かい合う姿勢は、本人には対決するような態度に感じられ、興奮が冷めにくくなります。支援者は本人の横につき、隣で同じ方向を見ながら興奮をやり過ごすイメージで、静かに見守りましょう。ベンチなど2人で座れる場所があればなおよいでしょう。

場所を移動させて気分を変えることはとても有効（P30参照）なので、動いても安全そうであれば、場所を変えてみましょう。

うまくいかなかったら

隣り合う位置で対応しても
本人が正面に向き直して
他害しようとする

パニックによる自傷や他害のある人は、叩く痛みや音を求めたり、自ら感情を興奮させたいという気持ちで支援者に攻撃的に向かい合おうとする場合があります。感覚刺激に敏感なため、制止しようとする支援者の顔を見るとさらに興奮してしまうようです。

そんな時は、手が届かないギリギリの距離を空けて、本人の横に行き静観しましょう。それでもおさまらなければ、他害を受けない距離を保ちつつ、刺激のない別の個室に誘導します。支援者は正面に入らないよう距離をとったまま、本人の落ち着く姿勢をとってもらいましょう。

こうしたパニック時の支援は個別的なものですが、パターンがわかれば手順書が作れます。支援者の動きも手順書に載せましょう。

POINT 他害されない距離をとりつつ静観を

 誰とどう連携する？

発想を転換して
「壊してもよいもの」を提供する

パニックになり、他害や破壊がおさまらない場合、思い切って「壊してもよいもの」を出して、他害や破壊の対象をすり替える方法もあります。すり替えの対象物としては、例えば、座布団や毛布といった柔らかいもの、新聞紙やダンボールといった破りやすいもの、コストがかからないものが適しています。

支援者はパニックの対処で手いっぱいになるので、他の支援者が壊してもよいものを探してきましょう。パニックが頻発する人であれば、こうした対応を定着させておくことで、あらかじめ壊してもよいものを準備しておくこともできるでしょう。

利用者がパニックでも
支援者のあせりを表に出さない

どんなに準備をしていても、利用者がパニックになることはあります。
そんな時、支援者も一緒に慌てると思わぬ影響が出ることがあります。

こんな人に
こんな場合に

・突発的なパニックが起こった時に
・周囲につられて不安定になる人が多い場合に
・緊急時の最中に対応策を考えたい場合に

支援者はあせりを顔に出さず
「落ち着いた演技」をしよう

あらゆる可能性を考え、準備万端で支援をしていても、自閉症・行動障害のある人の支援では、想定外の出来事が発生することがあります。そのために本人が混乱したりパニック状態に陥ってしまったりすることもあります。

こうした時、支援初心者が心の中で慌ててしまうのは仕方のないことですが、その感情をできるだけ表に出さず、落ち着いた雰囲気を演じる練習をしておきましょう。慌てる支援者を見て、パニックが起きている本人がより興奮したり、他の利用者にも混乱が伝染することもあります。いざという時の「笑顔」も支援者に必要なスキルといえるのです。そのためにも、日頃から笑顔で接する習慣を作ります。支援者の笑顔を見ることで、利用者も安心してくれるでしょう。

⊗ うまくいかなかったら

利用者のパニックや突発事項に
支援者も慌ててしまった場合

支援者も人間ですから、慌てることも興奮することもあります。そんな時は他の支援者を頼り、応援を呼びましょう。支援者が変われば利用者の気持ちも場の雰囲気も変わることはよくあります。

しかし、緊急時ですから、支援者自身が混乱、興奮状態にあると、応援を呼ぶこともなかなかできないかもしれません。電話で他の支援者と通話する余裕がないことさえあります。

少ない動作で簡単に応援を呼び出せるツール（P109のワイヤレスチャイムなど）を持ち、緊急時にはお互いすぐに駆け付ける体制を作っておきましょう。例えば、施設内であれば、パニックなど大きな声や物音がした時は、自分のポジションを離れてでも駆け付けるルールを作っておきましょう。

> **POINT**
> 無理せず
> 他の支援者を呼ぼう

! たくと大府の実践例

緊急時には常に誰かが
駆け付ける体制を構築

行動障害のある人が多い本施設では、突発的な出来事が起こった時に駆け付ける担当者以外の人を決めておく体制を整えています。日時によって応援できる支援者も限られるため、誰が駆け付けるかを明確に決めています。

また、パニックが起きそうな状況や場所、日課を支援する支援者に、あらかじめワイヤレスチャイム（P109参照）を渡しています。応援担当の支援者は、常に受信器を携帯し、鳴ったらすぐに動けるようにします。ベルが鳴って駆け付けるまでに、施設内なら10秒も要しません。受信器を持っていることで、駆け付ける支援者も緊急時への意識が高まります。ローテーションで支援に入っても緊急時の体制が継続しているので、どの職員も不安なく業務にあたることができています。

破壊行為で壊れたものを直す
ベストタイミングとは?

破壊行為のある人は、いったん壊しはじめると、途中で制止しても
最後まで壊そうとすることがあります。その時は止めることができても、
次のタイミングで最後まで壊してしまうかもしれないのです。

こんな人に
こんな場合に

・破く、穴を空ける、はがす等の破壊行為がある場合に
・破壊行為の痕が目立ってしまう場合に
・いったん破壊が始まると、際限なく続けてしまう場合に

一部破壊した様子が目に入ると
全て壊したくなる

破壊行為のある人は、一度制止することができて
も、しばらくすると全て壊したくなる衝動が起きるこ
とがあります。本人なりに中途半端なことが苦手な
ど、「破壊のゴール」があるのだろうと推測されます。
ゴールに向かって突き進んでいる状態のまま制止
を続けるのは、支援者にも破壊行為をしている本

人にも心理的な負担です。壊れたままの状態を見
ることでフラッシュバック（P7参照）が起こり、再
び破壊が始まるかもしれません。壁紙などが少し
破れているだけで、全て破らないと気がすまなくな
る人もいます。
こうした場合は、壊れた物をすぐに直すことで、そ
れ以上の破壊を予防することができます。破壊行
為を進行させないよう、パニック中も傍らで破壊の
修復をしましょう。

うまくいかなかったら

設備・備品などが破損
修理費用がかかり直せない

修理費用がないため、利用者の破壊行為で壊れた備品や設備を直せないこともあるでしょう。

原則として、特に破壊行為のある人は、そのための損害保険に入ってもらうよう、利用契約時などにあらかじめ家族と協議しておくことが必要でしょう。保険料負担もあるため保険加入が難しい場合や、一部負担が発生する場合もあります。しかし、利用者の破壊行為による修理費用を全額事業所負担とするのは難しいものです。そのため、利用者の関係者とトラブルなく、スムーズに修理することができ、さらなる破壊を予防するためにも、保険の準備は重要です。

修理費用負担や保険加入についての協議は、金銭のからむデリケートな話のため、施設としてお願いしましょう。

POINT 修理の費用負担、保険加入は
利用開始時に決定を

 たくと大府の実践例

ロッカーを置いて
破損部分を見えなくする配慮

壁を破壊して穴を空けてしまった人がいました。すぐにでも修理したいところですが、工事は数日後しか手配できず、その間にも同じ人の活動があります。

そのため、応急処置として、穴が見えないように、破損箇所の前にロッカーを置きました。また、同じ部屋では破壊行為を思い出して穴を空ける続きをしたくなる可能性があるので、工事が終わるまでは違う部屋を用意しました。ロッカーなどがなくても、破損したところが見えないようにシートをかけるなどしておきます。

壁が元通りになった後は、同じ行動を繰り返さないよう、破壊に至った原因を把握し、予防に努めています。

「パニック発生パターン」があるなら「収束パターン」もできる

パニックを何度も観察していると、「○○さんの叫び声を聞くと」
「○○という言葉を聞くと」など、発生のパターンが見えることがあります。
パターンに強い特性を利用して、パニック収束もパターン化しましょう。

パニックが収束する過程を観察 記録をとってパターン化へ導く

パニックを起こす人を観察していると、ある特定の条件下で発生するパターンが見えてくる場合があります。自閉症のある人は、常同的・反復的な行動が出やすいことから、パニックも同じ条件で反復的に発生しているのかもしれません。こうした特性を考えると、パニックには収束のパターンも作れるはずです。「個室で横になる」「好きな音楽をかける」「布団にくるまる」など、人によって収束のパターンは異なるので、パニックがうまくおさまった時とそうでない時の様子をよく観察し、記録をとりましょう。記録の中から、同じようなパターンが見えてきたら、その収束パターンを積極的に使ってみましょう。本人にも「こうなると自分は落ち着くんだ」という安心を生み出せる可能性があります。

うまくいかなかったら

記録からは
収束のパターンが見つからない

あらゆる場所やあらゆる条件でパニックが起き、記録をとっても傾向が見えてこない場合もあります。この場合、フラッシュバック（P7参照）によるパニックも考えられます。

フラッシュバックだとしても、場所や人、時間などに関連している場合もあります。記録では見つからない場合もあるので日課の順番を大幅に入れ替えたり、新しい日課や活動を入れることで変化があるか試してみましょう。さらに記録を続けることで、フラッシュバックの関連を発見できるかもしれません。

POINT : 日課や順番を大幅に入れ替えて
リセットすることも考えよう

 誰とどう連携する?

収束パターン把握のため
他の支援者にも記録の協力を

1人の支援者が全ての記録をとることはできません。何らかのきっかけで、日に何度もパニックを起こしてしまう人がいる場合、スタッフ全員で、「発生・収束のパターンを捉え検証・確立するために、みんなで記録をとろう」という意思統一をしておく必要があります。

記録は、パニックの発生・収束時に本人にかかわった職員に「〇時〇分、トイレから出てきてパニック、個室に誘導して横になると、〇時〇分頃収束」等その時の状況について詳しく書いてもらいます。慣れていない人には難しいかもしれないので、いつ、どこで、何をした、その後どう対応した等の項目を表にできる記録用紙を渡してもよいでしょう。さらに、スタッフ全員で複数の事例を振り返り、パニックの発生と収束のパターンを見出しましょう。

緊急時こそチームプレイ
「対応の決まりごと」を作ろう

パニックなど緊急時の対応は1人では心細いものです。
あらかじめ他の支援者と連携体制を敷き、緊急時にどう知らせ、どう動くのか、
チームで対応するための準備をしましょう。

こんな人に
こんな場合に

・パニックが起こりえる人を多く支援している支援者に
・複数の人を1人で支援しなければならない場合に
・パニックが起きると危険や悪影響が大きい場合に

緊急時の対応は
あらかじめ体制構築して連携を

パニック等の緊急事態は、どんな予防的支援をしても発生しうるものです。その時にどう動くのか、チームで役割分担をして、うまく連携できるようにしておきましょう。まず、不調だったり、パニックの兆しがある人がいれば、あらかじめ手厚い支援体制を敷きます。そうすれば、パニックが発生した場合、そばにいる他の支援者も一時的に自分のポジションを離れて駆け付けることができます。

その際に「パニックを起こしている本人の相手をする支援者」「移動のための通路と場所を確保する支援者」「他の人の安全を守る支援者」など、各自の役割をあらかじめ決めておきましょう。パニックの影響を最小限に抑えることができます。スムーズな誘導で、本人も気持ちを素早く切り替えられるようになります。

どんなものがあると便利?

「非常用ベル」として
ワイヤレスチャイムを活用

チームプレイで乗り切る準備ができていても、周囲が緊急時に気づかないこともあります。そんな時に活躍するツールが「ワイヤレスチャイム」です。玄関等に設置してある呼び出しベルで、ホームセンター等で販売されています。

不調な人、パニックに陥りやすい人を担当している支援者に発信器を持ってもらい、危機が発生したら押すだけ。受信器はその日に一番動きやすいポジションの支援者か、臨機応変に対応できるベテランやリーダークラスの支援者が持ちましょう。建物内なら電波は十分届くので、走って駆け付ければすぐに応援することができます。

本施設で利用しているワイヤレスチャイムの発信器（左）と受信器（右）

たくと大府の実践例

緊急時のシフトルールと
役割分担の徹底

本施設には、パニックになると自傷や他害、破壊行為のある人が何人かいます。日課ごとに不調の人が変わることもあるので、最大3つのワイヤレスチャイムを同時活用し、支援者交替のつど引き継ぎます。

緊急時に駆け付けるキーパーソンは「その日は○○班の人が受信器を持つ」などルールを決めてマニュアル化し、緊急時対応を練習しています。

パニックで激しい自傷、他害が始まると、利用者との体格差がある女性では対応が難しいかもしれません。複数で対応できる場合、パニックの相手をするのは男性で、他の利用者の安全を守るのは女性、といったルールも有効です。

他害や破壊などが発生した場合の 家族への伝え方

どんなに配慮をしても、不測の事態が起きる可能性はあり、
場合によっては家族に報告する必要があります。家族が求める回答の内容、
なるべく負担がかからない伝え方とは?

自傷・他害の報告は原因と対策を 柔らかく伝える配慮も大切

細心の注意を払っていても、自傷・他害行為が起こってしまうことはあります。配慮があったとはいえ、支援者側の責任もあるのですから、原則として丁寧な対応を心がけつつ家族へ報告すべきでしょう。家族が求めるものは、出来事の原因と対策です。「次は気をつけます」ですまさず、「なぜ

この事態に至ったか」を明らかにし「次からはこのように改善します」と対策も明示しましょう。
自閉症・行動障害のある人の家族は、支援者よりもずっと長い時間を本人とともに過ごしています。自傷・他害の出来事は事実として報告しなくてはなりませんが、大きなショックを与えすぎると支援へのモチベーションを低下させるなど、本人をとりまく支援全体としてはマイナスになってしまいます。家族を必要以上に傷つけない配慮も大切です。

誰とどう連携する?

家族への報告は
誤解のないように複数で

チームでの支援を深めれば深めるほど、責任はチーム全体にあるということになります。配慮をしても起きてしまうほどの出来事は、そもそも1人の支援者で解決できるようなことではないでしょう。起きたことはすぐにチーム全体で振り返り、事実を全体で把握しましょう。

家族に報告する場合、正確な事実の報告に努めます。両者が感情的にならずに話を進めるためにも、複数で報告することが望ましいでしょう。上司が立ち会うことができれば誠意を示すこともできます。

その後、起きた事実の原因と対策を、改めてチームで検討しましょう。

 たくと大府の実践例

施設の出来事を
家族に伝える時のコツ

本施設では、口頭での報告をする時、つらい出来事の後に必ずよいことを加えて、家族が受ける印象を和らげるようにしています。例えば、「作業はがんばりましたが、ハンカチを破いてしまいました」ではなく「ハンカチを破りましたが、作業はがんばりました」など、破壊行為を強調しない表現をよく使います。

また、毎日の出来事を家族に報告する連絡帳にも配慮しています。「楽・安・快」といった漢字は見た人の気持ちを無意識にポジティブにし、「不・非・悲」などはネガティブなイメージを惹起するので、前者の表現をできるだけ多く用いています。後者のような言葉を使う時は、ひらがなにして印象を柔らかくするなど、細心の注意を払い、家族が「開きたくなる」「読みたくなる」連絡帳を心がけています。

介入は「プロンプトレベル」を意識しよう

活動を達成できるように、利用者に声をかけたり、合図をしたり、身体を誘導する介入を「プロンプト」と呼びます。また、徐々に介入度を下げていくことを「プロンプトフェイディング」といいます。
「プロンプト」には以下の段階（レベル）があり、いずれかに当てはまることがほとんどです。どのプロンプトレベルなら相手に伝わるのか、常に意識しながら使い分けてみましょう。

①声かけ
おそらく一番多く用いられている介入でしょう。どんな場面でも用いることができて便利ですが、言語理解が苦手だったり聴覚過敏のある人には向きません。言語の代わりに絵の描かれたカードや写真を用いることも含まれます。

②ジェスチャー
声かけで伝わらない場合に、身振り手振りといった身体のアクションで伝える方法です。指さしやサインも含まれます。自閉症・行動障害のある人には伝わりやすいです。声かけと合わせて使うのも有効です。

③モデリング
支援者が見本を見せて、真似をしてもらうことです。複雑な動作や慣れない動作を求める時は声かけやジェスチャーでは伝わりにくいので、モデリングでやり方の見本を見てもらいましょう。視覚優位な人には伝わりやすい方法です。

④身体誘導
実際に手を添えたり、身体に触れて誘導や動作を促す方法です。最もわかりやすいプロンプトですが、触覚過敏の人には向いていない方法です。介入度が高い方法なので、最小限に留めましょう。

第4章

日課別の
支援のコツ

● 準備・朝のスタッフミーティング ●

この日課の主な目標

・今日の支援体制確認。
　欠席職員、支援不足の予想
・利用者の出欠席予定、
　予想される不安な状況の確認
・利用者・家族を迎え入れるための
　笑顔・身体の準備体操

支援のポイント

・支援者の出勤状態を把握し
　支援不足への対応策を練る
・今日の利用者数に加え、
　予想される事態や不調も把握する
・笑顔と挨拶は毎日トレーニングする

毎日の支援業務の下準備
朝のミーティングで笑顔の練習

どの施設も、朝は忙しい時間帯です。しかし、支援者が一同に顔を合わせる機会は意外と少なく、チーム力向上のためにも朝のミーティングはとても大切です。送迎等でどうしても参加できない場合もあるでしょうが、日替わりで交代し全員が参加できるようにするなど、施設全体で工夫してみましょう。所要時間は、事務連絡と確認のみなら5分程度ですみます。

笑顔と挨拶のトレーニングは、ぜひミーティングで行ってほしい内容です。支援者にもさまざまな性格の人がいますが、「笑顔で挨拶」は対人支援における基本ともいえ、どんな性格であったとしても、支援者が押さえておいてほしい表現の一つです。全ての職員が、「笑顔で挨拶」をいつもできるようにするために、朝のミーティングで練習することを日常化しましょう。

利用者の出欠・状態の把握
支援者の体調面も確認を

朝のミーティングでは、まず、最近特に留意するべき利用者の状態を具体的に把握しましょう。特定の利用者の調子が悪そうなら、その日担当ではない支援者も、応援に呼ばれたり、予定の日課を変更する可能性があることなどが予想できます。

また、支援者の体調も確認しましょう。風邪気味、身体に痛いところがあり走れないなど、体調面の不安がありその日の業務に支障が出そうな場合は、報告し合い、柔軟に調整できる雰囲気があるといいでしょう。支援者同士がお互いの体調を理解できていれば、「今日、A支援者はたくさん走る人の支援にはつかないほうがいいね」などという配慮が可能です。お互いに配慮し合える働きやすい職場になれば、援助の質も上がってきます。

軽く体操やストレッチをして、動きやすい身体づくりをする

毎日のルーティンとしたいので、毎朝○時○分に玄関集合などルール化しておく

輪になって集合し、挨拶の声出し、利用者、支援者の調子を手短かに報告し合う

笑顔を作る練習も輪になって行う。最後に笑顔＋挨拶の練習でしめくくる

● 利用者到着・家族とのやりとり ●

この日課の主な目標

- 当日の利用者の心身の状態や自宅での様子等の情報収集
- 本日の予定・チャレンジ事項を簡単に家族に報告
- 家族の状態、悩み等を何気ない会話から引き出す

支援のポイント

- 本人から聞けない心身の調子を家族から聞き出す
- 家族と施設が密になるように毎日話す習慣をつける
- 施設の予定を毎日伝えて家族に興味をもってもらう

家族との有益な会話のために受け入れの支援体制を

利用者が到着すると利用者を施設内に誘導する必要がありますが、支援者1人だけでは、さらに家族と会話することは不可能です。朝の受け入れ時の家族との会話はとても大切なので、誘導に1人、家族と会話をする支援者を1人というように、担当外の支援者もフォローできるようにしておきましょう。施設全体で1人を支援する「チーム支援」は朝の受け入れ場面から始まっているのです。家族にも、意見や報告をしたい時は、どの支援者でも受け付けてくれるという印象をつけましょう。また、支援者が朝から忙しくバタバタしている姿を見せてしまうと、家族は遠慮して話を避けてしまうこともあります。利用者だけでなく、家族がいるときは特に、「いつでも話を聞ける」という余裕ある雰囲気が大切です。

毎日の家族との会話は支援の貴重な情報源

自閉症・行動障害のある人で、自分のことを支援者に話してくれる人は少ないため、家族からの情報がとても重要になります。家族と支援者が目の前で自分の話をしてほしくないという利用者もいるので、その場合は施設内に誘導できたことを見届けてから会話を始めましょう。

家族とは、「先日自宅に叔母があそびに来て」「先週末は弟が風邪を引いて家から出られなくて」というように、世間話からも家庭環境の状態や変化など情報を得るチャンスが生まれます。特に家庭内の変化は本人の心身の状態に影響が出る場合もあり、支援にも有用な情報です。

家族も、支援者の人となりを知る機会にもなり、より親近感をもってもらえるでしょう。

朝礼・はじまりの会

この日課の主な目標	・短時間でも座って話を聞けるようにする ・日課の開始・終わりに自席に座る習慣を作る ・人前で話す、答える、文字を書く等を学習する
支援のポイント	・5人程度で席に座り、話を短時間聞く機会を作る ・施設の日課が始まる切り替えの機会を作る ・人前での発言、問いへの回答などの機会を作る

自席に座る習慣をつけることで学習の機会が広がる

自閉症・行動障害が重い人になると、自席に座っているという行動も難しい場合があります。しかし、自分の席について取り組むことは、さまざまな活動の基本となります。多くの施設で椅子に座った活動が多いと思いますが、年齢が大きくなるほど、特に成人以上では座って行う作業の機会も増えるため、「椅子に座る」ことは身につけておきたいスキルです。

椅子には背もたれやひじ掛け付き、腰掛け、座椅子、ソファなどたくさんの種類があります。いろいろと試してみて、本人がいちばん抵抗感の少ない椅子を見つけましょう。身体に合う椅子を見つけることができれば、その後の活動にスムーズに入る可能性も高まります。「椅子に座る」スキルを習得するためにも、椅子選びは重要です。

個別対応が中心の利用者も小集団で過ごす機会を

自閉症・行動障害のある人は、1日のほとんどの時間を個別のプログラムで過ごす場合もあります。これは障害の特性に配慮した支援ではあるのですが、あまり突き詰めすぎると、当の利用者が社会から孤立した状態を作ることにもなります。個別対応が原則の利用者も、わずかな時間からでもよいので、日課の中に小集団の時間を設けてみましょう。はじめは「1分間集団の中にいる」を目標に、数秒しか集団にいられなくてもよいので、まずはチャレンジしてみましょう。小集団のメンバーを、相性のいい人同士にしたり、他の利用者の姿や音などが過剰な刺激になっているのなら、パーテーションなど物理的構造化で、多くの人は短時間なら集団で過ごせるようになってきます。小集団での集まりが過度なストレスになる場合は構造化で調整しますが、適度なストレスは、人が生活する中で必要な刺激ではないでしょうか。

朝礼中なので、パーテーションが必要な利用者にも、机の上には何も置かない。話を聞くのが嫌で飛び出そうとするが、担当支援者は朝礼中だけは着席をするよう声をかける

朝礼の時間だけはパーテーションを外し、進行の支援者を見ながら座れている

壁面のホワイトボードに、今日の天気や自分の名前を書く利用者もいる

朝礼中は、普段は机のほうを向いている椅子の向きを、進行する支援者のほうに置き変えて話を聞いている

●作業活動・机に向かって手作業する時間●

この日課の主な目標

・最終的には支援なしで机に向かい
　作業に取り組める
・手作業を通して集中力・持続力・巧緻性などを養う
・軽作業を通して工賃を得て
　「働く」ことの基礎を学ぶ

支援のポイント

・1人でも作業しやすくなる物理的構造化を導入する
・難易度・大きさなど本人に合った作業内容を見つける
・作業達成度、持続時間、速さ等を記録しモニタリング
・「工賃」を理解し作業と結びつけ、達成感を得てもらう

社会に出ることを前提として「働くこと」を経験してもらう

障害のある人もない人も、障害が重い人も軽い人も、「働く」経験をして、社会に出て社会の一員として世の中に貢献することが原則だと私は考えています。もちろん、障害に応じて配慮は必要ですが、短時間でも「仕事」として何かを成し遂げる経験は、ぜひ施設の利用者にも積んでもらいたいと思います。

働くために、1人でその場に座っていられるように構造化で支援しましょう。机の配置、椅子の形状、周りの人との相性、音や光、空調などさまざまな要素を本人に合ったものに近づけます。そのためにも、本人を知り、理解し（アセスメント）、記録して整理し、チーム全体で情報を共有しましょう。

本人に適した作業を見つけ時には形を変えて提供する

作業に取り組んでもらうには、環境設定と合わせて、「できる作業」を提供する必要があります。障害が重い軽いにかかわらず、本人にないスキルが要求されたり、現状で難易度が高すぎる内容では取り組めません。工場から依頼される作業が、必ずしも利用者の能力や可能な作業量に都合のよいものばかりでないとしても、支援者はすぐにあきらめるのではなく、作業工程を細分化し、どの部分なら誰が取り組めそうか、どんな工夫をすればできそうか考えましょう。10工程中で1工程しかできなくても、その部分だけ取り組んでもらいます。治具と呼ばれる自助具を作成するのも有効です（次ページ参照）。「できる部分を探す」「できない部分は補う」、「できる」「できた」を重視して支援してみましょう。

作業活動の工夫

物品をシートに並べ、個数を
カウントして同数分袋に入れる
作業。手先の器用さが不足し
袋を開けられない人の場合は、
開ける工程は職員が行う

パーツを5個数えてつなぐ作業。
「5個」が数えられない人の場
合、穴に材料を入れれば5個が
カウントできるオリジナルの治
具を作る

仕事をする部屋は、一人ひとり
に合った広さ、机の向き、椅子
の形状、他人との距離感などを
考える

ボトルキャップをリサイクルする
ために仕分けする作業。軽い
材料で、投げても壊れず、作
業量も調整しやすい

● 受託作業を意識した自立課題の時間 ●

この日課の主な目標

・机に向かう活動に慣れる
・活動の始まりと終わりを意識して完成させ、達成感を得る
・自立課題の提供により、作業活動に変化をつける

支援のポイント

・持続性や巧緻性を意識した自立課題を提供する
・受託作業と同様に評価し工賃支給も視野に入れる
・ある程度反復的で、数が多く時間を要する課題を提供する

作業活動としての自立課題の有効性

自立課題には大きく3つの方向性があると考えられます。1つは作業活動として、2つ目は療育活動として、3つ目は余暇活動としての方向性です。

作業活動としての自立課題は、単調で反復的な動作や、数が多く、時間がかかるものを提供することで、持続性、巧緻性といった作業性を高めることを意識します。企業からの受託作業が難易度の高いものの場合で、工程を細分化してできるように工夫した結果、少しずつしか進まず、十分な作業時間が確保できないことがあります。こうしたとき、作業活動を補足するツールとして自立課題を活用することができます。自立課題はオーダーメードで作るので、作業をする本人ができるものしか提供しません。作業を意識して、適度な疲労感やストレスを感じるような自立課題を使いましょう。

さまざまなカテゴリーを網羅し職業スキルのトレーニングを

自立課題にはさまざまなカテゴリーが存在します。中でも「マッチング」「分類」「組み立て」「分解」「微細運動」「パッケージング」などの領域は作業活動に必要な要素となります。これらの要素が盛り込まれた自立課題を提供することで、職業スキルのトレーニングを意識した活動時間を作ることができます。

作業活動として取り組むため、持続時間、完成数や出来栄えなどの成果を把握し、記録・評価してスキルの向上を確認しましょう。

また、あくまで「作業活動」として、受託作業と同等の取り扱いをすることをお勧めします。例えば、取り組んだ数や時間数に応じた工賃を支払うなどのルールを施設で設けてもよいでしょう。

作業活動を意識した自立課題の例

組み立て

ボルトとナットを組み立てる自立
課題。複数の部品を合わせて
組み立てる。物を作る工程の基
礎を学ぶ

組み立て

小さな容器にキャップをつける
自立課題。小さな物を持つ微
細運動、キャップをひねってつ
ける動作、部品同士の組み立
ての工程を学ぶ

微細運動

やわらかい棒状のものを結束バ
ンドでまとめる自立課題。手指
の微細運動と、指示されたもの
を選んで取り出すことで「指示
書を見て取り組む」という工程
を学ぶ

パッケージング

小さな容器に部品を入れ、フタ
をするという自立課題。パッケー
ジングの工程を学ぶ

● 療育活動としての自立課題の時間 ●

この日課の主な目標

・文字、数、色、形などを見分け、
　理解することを学習する

・お金、時計、物の名前など
　生活に役立つ知識を身につける

・物の片づけや家事など
　実生活で役立つスキルを身につける

支援のポイント

・文字等がわからなくても、違いを知ることから始める

・お金や時計の理解は、人により目標を細かく設定する

・「お金は買い物で使う」など
　用途の大まかな理解から始める

学習スキル、日常生活スキルの向上に自立課題を活かす

療育活動としての自立課題のカテゴリーには、「学習」「社会生活力」といった領域があります。これらの領域を踏まえて作られた自立課題の提供で、学習スキルや日常生活スキルの向上を目指すことができます。本人に合わせて作るので、理解度に合わせた内容に微調整でき、理解が進めばより難易度の高いものに作り変えてチャレンジしてもらうことができます。学齢児童であれば、授業の教材や補助ツールとして活用することもできるでしょう。

年齢が高くなるにつれて、自立した生活の意識も求められます。日常生活を考えると、家事スキルの向上はとても役立ちます。ちょっとした片づけ、掃除や洗濯の手伝い、調理の補助も、自立課題を通して学ぶことができます。

スキルの獲得に焦点を最初は一対一対応も

自立課題は視覚的構造化の集合体なので、見てすぐわかり取り組めるようにできています。それでも、自閉症・行動障害のある人は初めてのことが苦手な傾向があるので、自立課題の初回は利用者の手が進まない場合もあります。その場合は支援者が一対一対応の支援をしながら取り組んでもらいましょう。いきなり目の前に出されて拒否することがあるかもしれませんが、支援者が補助することで「できる」「できた」を体験してもらえれば、抵抗感が減っていくでしょう。

目標は1人で達成することなので、徐々に支援者は離れ、最終的には始めから終わりまで自立して取り組んでもらいましょう。

療育活動としての自立課題の例

学習

数の理解を学ぶ自立課題。右の箱のふたに指定された数だけの磁石を箱に入れていく

社会生活力

洗濯の基礎を学ぶ自立課題。ミニチュアの衣類をハンガーにかけ、洗濯ばさみで挟んで物干しにかける工程を学ぶ

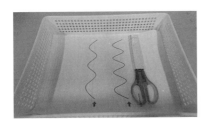

微細運動

ハサミの使い方を学ぶ自立課題。線に沿って切る細かい手作業の技術を身につける

分類

色が違うことを意識して、指定された瓶に分類していく

学習

ひらがなの形と色のヒントでマッチングさせて、ひらがなを学習する

● 余暇活動としての自立課題の時間 ●

この日課の主な目標

- 余暇時間、自由時間の過ごし方の選択肢を増やす
- 興味・関心を活かして趣味の活動にできる
- 新たな興味・関心と人生に彩りを与える趣味を発見する

支援のポイント

- 自立的に過ごせる時間を延ばす
- 本人が何度もやりたくなるような自立課題を作成する
- 新たな可能性を試し趣味が広がるようチャレンジしてもらう

余暇時間、自由時間の過ごし方を支援する

自閉症・行動障害のある人にとって、余暇や自由時間は何をしたらよいかわかりにくく、くるくる回り続けたり（常同行動）、自分の頭を叩き続ける（感覚刺激行動）といった行動にふけってしまうこともあります。余暇や自由時間を構造化することで、充実した楽しみになる可能性を高めます。「自由に過ごしてよい」ということでは動きにくいのですから、「○○と●●のどちらかができる」という設定により、行動が選びやすくなります。そのメニューの一つとして、自立課題を取り入れてはいかがでしょうか。本人の興味・関心を把握しオーダーメードした自立課題は、余暇や自由時間の活動にしやすいでしょう。
本人の好きなキャラクターや食べ物など、活かせる素材はたくさんあります。本人が自ら手に取りたくなるような、魅力的な自立課題を考えてみましょう。

自立課題で新たな興味・関心を発見する

自閉症・行動障害のある人は興味・関心が狭く深いという特性があります。その活動がとても好きで、社会的にみて容認できるものであれば趣味として楽しんでもらうことができます。しかし、興味・関心が狭すぎて毎日ずっと同じことだけをしている人も多くいます。本人はそのままでいいかもしれないのですが、支援者としては、本人に興味・関心を広げてもらうことも促したいものです。
自閉症・行動障害のある人は、自ら新たな趣味を広げようといった行動を起こすことが少ないため、今まで取り組んだことのない領域や、触れたことのない素材も自立課題として提供し支援すると、好きになることもあります。新たな可能性を発掘してもらう気持ちで、可能性を広げる自立課題にチャレンジしてもらうとよいでしょう。

余暇活動としての自立課題の例

マッチング

海の生き物が好きな人に、生き物のマッチング課題

マッチング

標識が好きな人に、標識の絵合わせ課題

分類

食べ物が好きな人に、食べ物のジャンルを分類する課題

分類

国旗が好きな人に、国旗の分類課題

分類

ブロック遊びへの興味・関心を広げてもらうための、ブロック分類課題

車に乗る外出活動

この日課の主な目標

・外を見たり支援者と話して目的地まで過ごせる
・シートベルトを締めて過度に騒がず乗り続けられる
・衝突せずに他の利用者と車に乗り続けられる

支援のポイント

・車を降りた後の行動を本人に知らせておく
・車に乗ること以外にも具体的な目的を設ける
・リマインダー等で走行中のルールを思い出してもらう

車中での
ルールに慣れてもらおう

公道を走行する場合、安全を守る観点からも利用者が車中でどう過ごせるかは重要です。これは、運転者が同乗する人に気をとられると運転に支障が生じるためです。シートベルトを締めることもルールですから、嫌がる利用者であれば練習しておきましょう。抵抗感を減らすために短時間のドライブを練習として慣れてもらうなどして定着すれば、むしろ「必ず締める」ルーティーンができます。

また、利用者の中には、車中で立ち上がったり、窓やドアを開けようとする人もいます。こうした危険な状況に対応するために、走行中の最低限のルールを文字や絵で示したリマインダーを活用したり、チャイルドロックを活用する、パワーウインドウのスイッチを切る、ドアから遠い位置に座ってもらうなどの対策をとりましょう。

車中のトラブルは対応しにくい
相性重視で同乗を

車中は閉鎖的な空間の上、シートベルトを締めて立ち上がれないので、利用者は窮屈に感じます。その環境で、「発する声が苦手」「仕草が苦手」など相性の悪い利用者が同乗しているととてもつらい空間となってしまいます。逃げようにも逃げられず、我慢を強いられてついにパニック！という例も少なくありません。走行中では支援者の対応も思うようにできません。こう考えると、車に乗るメンバーの相性は非常に大事です。座席・乗る順番などを事前に慎重に考え、無理があるようならその日の車での外出は控えるか、もう1台車を出すという対策も必要です。少しの配慮不足が大きな事故につながりかねない日課なので、支援者は同乗する利用者メンバーの構成を慎重に考えましょう。

効果的な車内座席配置のコツ

・3列シートの車であれば、全座席を効果的に使うことを考える。3列目のシートはドアや運転席から遠いので、座る人の安全性は高い。乗る人数が少ない場合、2列目は誰も乗らないようにすると、3列目と運転席が遠いので、運転手も安全

・助手席はチャイルドロックがかからず、メーター類もあり、隣は運転手なので安全性が低い

・2列目はドアが近いが、チャイルドロックがかかる。動きが大きな人は運転手に身体が触れる可能性があるので、助手席の後ろに乗ると運転手は運転に集中できる

散歩等の外出活動

この日課の主な目標

・スタートからゴールまで歩いて運動する習慣を身につける
・支援者の誘導がなくても1人でゴールまで歩ける
・傘・合羽・防寒具等季節や天候に適した服装で外出できる

支援のポイント

・買い物など運動以外の目的は別の日課とする
・少しずつ支援者がいない時間を作る
・最終的に自分で適切な服装を選べるように支援する

支援者の力を借りることなく外出時に歩けるように

自閉症・行動障害のある人に衝動的な行動が予測される場合は、支援者が常に側にいることが多いものです。外出時は不測の事態への備えがなおのこと必要なので、支援者の見守りは手厚くなります。しかし、利用者にとっては、衝動的な行動は悪気があって起こすものではないので、支援者に見られていることを息苦しく感じている人もいるでしょう。コース上での不測の事態（苦手な犬がいた、他人に声をかけられたなど）に対応するために、少し離れたところからの支援者による見守りは必要ですが、いつものコースをいつもどおりに歩く練習を重ねて、できるだけ1人で歩いてもらいましょう。

コースはわかりやすくバリエーションは多く

1人で散歩できるようにするには、コースを固定するとわかりやすいでしょう。自閉症・行動障害のある人はルーティンに強いので、一度学んだコースは次も同じように歩いてくれます。たまに変化をつけようと、コースを微妙に変えると、逆に混乱を与えてしまいます。

もちろん、同じコースばかりでは飽きてしまうので、行き先を複数用意することが必要です。できれば、1つの目的地で1つのコースを維持しながら、バリエーションを増やしていきましょう。駐車場の停車位置により、コースが違うことを本人に知らせるなど、構造化も活用してコースバリエーションを増やしましょう。数多くのコースを用意できれば、短距離、長距離、坂道など目的を細分化することもできます。

決まったコースの設定（目的地の物理的構造化）をすることで、見通しがつき、ゴールまで達成しようという気持ちを引き出すことができる

駐車場に車を停める位置（スタート）を変えることで、ルートや目的地（ゴール）が変わるということを知らせる物理的構造化ができる

同じコースを歩くことでルーティン（構造化の一つ）となり、定着すれば指示がなくても同じコースを歩けるようになる

工事中など、ルーティンとなったコースが使えない場合もある。下調べをして、必要であれば他のルートを考えておく

昼食の時間

この日課の主な目標

・周りに影響されずに自分の食事を食べられる
・手で食べる等の食行動の問題を最小限にとどめる
・食堂の落ち着いた雰囲気を保つ

支援のポイント

・刺激を制限し食べることに集中してもらう
・適切な位置に支援者を配置し食行動の問題に対応する
・各利用者に必要な支援をして静かな環境を維持する
・片づけ、歯みがき、入退室等の動線に配慮する

自分の食事を安心して
おいしく食べられるように

自閉症・行動障害のある人は、1日の中で食事の時間を最も楽しみにしていることが多いものです。しかし、食べる楽しみが高じて執着し際限なく食べてしまったり、逆に味覚の感覚障害のために嫌いな物を捨ててしまうといった食行動の問題を抱えている人もいます。なかでも、他の人の食事まで欲しくなってしまう場合は特に注意が必要です。食事をとられた人には相当なダメージとなり、そのまま怒り出して大きな声を出すと、他の人もうるさいと怒り出し……「他の人の食事をとる」という行為ひとつで、食堂では負の連鎖が始まります。

楽しみにしている食事。誰かにとられる心配なく、安心して食べてもらえるように支援するには、どうしたらよいでしょうか。

場合によっては
入室のタイミングを変える

食堂の人数が増えるほど、トラブルが起こるリスクは高まりますが、調理の事情から食事時間が決まっているなど時間の個別化が難しい場合も多いでしょう。決まった時間にお腹はすきますし、できたての食事を提供したい思いもあるので、食堂利用は同じ時間帯に集中し、人口密度も高くなります。人の食べ物を取ってしまう行動がみられる場合、支援者は本人と他者の食事との間にポジションをとります。しかし、その日の調子が悪く、いつもの支援ではトラブルになる確率が高い場合、ひとまず入室を見合わせる選択も時には必要です。もちろん、空腹時にできたての食事を食べてもらいたいのですが、混乱するリスクと比べて判断しましょう。電子レンジなど、できたての食事が再現できる方法があると、そうした安全な選択もしやすくなります。

人の食事をとることに
成功すると、次からも
とりたくなるもの

とられた側は、明日も取られるの
では？と不安になる。どちらも食事
の時間なのに気持ちが不安定に
なってしまう

食べたい気持ちが強いため、
機嫌が悪くても食堂へ入室しよ
うとするが、回復を待ってから入
室したほうがよい場合が多い

キッチンタイマーを使ったり、音
楽を鳴らしたり、テレビを見たり
といった別の活動を、時間を決
めて行ってもらい、気分転換し
てもらうことも大切

昼休憩等の時間

この日課の主な目標

・極力ストレスフリーで、リラックスしてもらう
・休憩時間内は特に利用者の希望を可能な限り尊重する
・短時間でも支援者なしで一人で過ごせる時間を作る
・希望の過ごし方を示してもらい休憩の選択肢を増やす

支援のポイント

・利用者の意思を尊重するためにも見守りを手厚く
・全体を見通せる位置から広く利用者の動線を見守る
・個別化した空間にいられるよう施設全体を活用する
・選択肢を提示し興味を引き出して余暇活動に彩りを

どんな休憩時間のかたちも受け入れる支援を

実は、自閉症・行動障害のある人の支援現場では、休憩時間が1日の中で最もトラブルの多い時間帯といっても過言ではありません。施設内を自由に走り回ったり、飛び回ったり、音楽を聞きたい人もいます。こうして動線が重なる場面が増え、必然的に接触や物の取り合い、外への飛び出しなど、トラブルやアクシデントのリスクも増えます。

しかし、休憩時間は利用者の自由な時間なので、原則的にはどこでどんな休憩をしても、支援者としてはそのリスクを引き受け、安全を確保しつつ、利用者の過ごしたい休憩時間を提供するという姿勢が大切でしょう。活動時間で適度なストレスを感じ、休憩時間でしっかりリラックスするというメリハリのついたよいサイクルを1日の中で作っていきましょう。

休憩時間こそチーム支援で広く施設全体を見守り

やりたいことができる自由な休憩時間を提供するには、利用者の不規則で突発的な出来事にも対応できる支援体制を敷く必要があります。利用者の過ごし方のバリエーションが増えるほど、予測不能なことも起こりえます。また、休憩時間はできるだけ1人で過ごせるようにしますが、見守りが必要な場面もあります。そのため、活動時間よりも休憩時間のほうが支援を厚くすることが必要な場合も多いでしょう。このため、この時間の支援は、一対一対応よりも、支援者の見守れる範囲の利用者を広く見守るという、場所で区切った見守り支援がよいでしょう。どこに支援者が位置すれば施設全体をくまなく見渡せることができるのか、チームで考えてみましょう。あらかじめ支援者のベストな配置がイメージでき共有されていれば、各支援者も自分の守備範囲が明確になり、支援しやすくなるでしょう。

たくと大府　休憩時の職員のポジショニング例

すべての支援者がすべてのポジションを経験していると、配置しやすい

施設の見取り図に支援者の立ち位置を記入。どの場所に位置して見守るのかを明確にし、全員で休憩時の見守り必要人員・ポジションを共有する

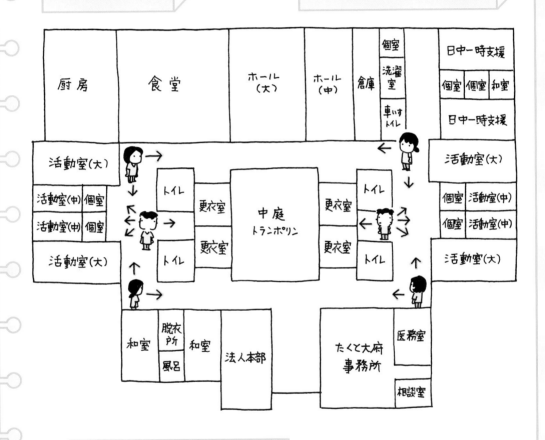

支援者も、労働者として休憩をとる必要がある。利用者の休憩時間の見守り人員が足りない場合は、時間をずらして順番に休憩をとる。トイレ休憩も声をかけ合い順番に行くことができれば、フォローしやすい

療育活動の時間

| この日課の主な目標 | ・目的を達成できるよう、活動に集中してもらう
・次も参加したくなるような意識をつける
・小集団で利用者同士のトラブルなく活動に参加できる |

| 支援のポイント | ・活動に集中できるように余分な物品や刺激を除去する
・相性に配慮し活動の速度がほぼ同じ小集団構成を考える
・少数支援者で全体をカバーできるような配置を考える
・利用者同士が近すぎない距離感の座席を設定する |

相性やペースを考慮し活動を楽しめるメンバー構成を

いわゆる「療育活動」には、音楽やストレッチ、健康体操、球技、芸術、リハビリなど、さまざまなプログラムがあり、施設ごとに内容はいろいろだと思います。ここでは小集団（3〜8人程度）で講師などが進行役をするものや、与えられたテーマや課題に挑戦するものを想定します。

まず、他の刺激に気をとられたり、利用者間の相性に問題があり、利用者が活動に集中できない状態では効果も半減します。特に小集団のメンバー構成は最重要といっても過言ではありません。相性の悪い相手と過ごした嫌なイメージを引きずってしまい、次回から参加したくなくなってしまいます。一方で、外部の人や普段接していない支援者が講師や進行役を適切に務めると、適度な緊張感が生まれ、利用者が力を発揮しようとする傾向があります。

活動に集中できる利用者の座席の配置と支援者の位置取り

療育活動をスムーズに進行するために、もう一つ重要なことは、利用者・支援者両方の座席の配置です。講師や進行役に注目し、自分の順番を待つ、注目したり、されたりすることなどは、療育活動で身につけたいスキルです。

まず、利用者の座席を設定します。多くの場合、何もない場所にとどまることが苦手な利用者が多いですが、椅子があれば「そこに座る」という物理的構造化が機能します。利用者同士の座席が近すぎたり、出入口や窓の景色が見えると刺激になります。大きな声が出てしまう人、身体の動きが大きい人は他の利用者に刺激を与えるので、他の人の視界に入らない座席にするなど工夫しましょう。支援者は目立たない位置にいながらも、支援が必要な時には手が届く距離にいましょう。

療育活動の座席例

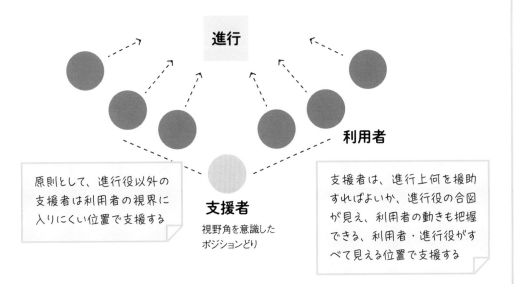

進行

利用者

支援者
視野角を意識した
ポジションどり

原則として、進行役以外の
支援者は利用者の視界に
入りにくい位置で支援する

支援者は、進行上何を援助
すればよいか、進行役の合図
が見え、利用者の動きも把握
できる、利用者・進行役がす
べて見える位置で支援する

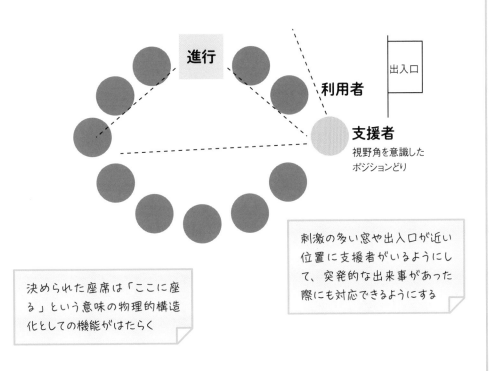

進行

利用者

出入口

支援者
視野角を意識した
ポジションどり

決められた座席は「ここに座
る」という意味の物理的構造
化としての機能がはたらく

刺激の多い窓や出入口が近い
位置に支援者がいるようにし
て、突発的な出来事があった
際にも対応できるようにする

外出先での飲食活動

この日課の主な目標

・公共の場でトラブルなく飲食して楽しむ
・飲食店でメニューを選び並ぶなど、買い物を体験する
・飲食する場所での適切な公共のマナーを実践できる
・障害のある人も地域に出て住民との共生を促進する

支援のポイント

・食行動の問題が発生しないよう環境を配慮する
・買い物場面での適切な自己選択と行動を体験する
・飲食に適した場所を把握しそこでのマナーを学ぶ

外出先で飲食する経験を ステップアップする

施設内での飲食活動は環境調整がしやすく、比較的支援しやすい環境といえますが、外部での飲食活動は必ずしも環境調整ができないことも多く、出先の環境下でできる活動を提供し、起こることを支援しなければなりません。

外出先で飲食することに慣れていない人は、まずは自動販売機でジュースを買うことから始めてみましょう。並ばず、買い終わるまで商品に触れないため、トラブルが起こりにくい活動です。

慣れたらおやつを公園に持参してベンチで食べるなどしてみましょう。こぼしたり、落としたりする可能性も考え、タオルなども持参しておきましょう。さらに、近くに売店があればおやつを少しだけ買って食べるといった練習もできるでしょう。

小売店で買う経験 飲食店で食べる経験を重ねる

小売店・飲食店での購買活動で考えられるリスクとしては、多くの商品を手に取ったり注文しすぎてしまう、レジで並べない、商品や食事が手元に来るまで待てないといったことが考えられます。

小売店には多くの商品があるため、すべての中から欲しいものを選ぶのは私たちでも難しいものです。はじめは「ここからここまでの中から選ぶ」「スナック菓子の中から選ぶ」など、一定の条件を設けると選びやすくなります。そして、本人の選びたい物が選べるよう、徐々に範囲を広げていきましょう。

並べない、待てない場合は、その間にやることを決めておきましょう。本・スマートフォン・タブレットを見て待つ、音楽を聞きながら待つなど、短時間待つことのできるメニューを見つけておきましょう。

自動販売機での購入は、買い物の最も基礎的な「お金を払う」「選んで買う」という行動がシンプルに学習できる活動

空き缶など飲食物の容器などの片づけ（ゴミ箱に入れる、持ち帰るなど）も伝えていく

利用者の中には、買って手にするとその場で飲みたくなる人もいる。その場合は飲むのに適切な場所（公園、施設に持ち帰るなど）があることを伝え、支援者が誘導する

お店のすべての商品から1つを選ぶのは難易度が高い。外出前にあらかじめどんな物を買うかイメージしておいたり、現場で範囲を限定したりすると選びやすい

並ぶ・待つ場面は必ずある。その間の「待つための活動」をあらかじめ本人と決めておく

● レジャー・宿泊施設での活動 ●

この日課の主な目標

・目的地で何をするか理解し楽しむ
・公共交通機関や目的地で社会的なルールを守る
・移動時間を落ち着いて過ごす
・宿泊先でも睡眠をとり、翌日も元気に活動できる

支援のポイント

・目的地と活動を一対一対応させ、行動を明確に
・下見をし、トイレ、緊急避難場所等も把握しておく
・他の乗客に迷惑をかけないよう配慮できる座席を選ぶ
・他の利用者との相性を考えた座席・部屋割りを決める
・外出先での不眠が予想される人は個室も想定する

外出先各所の様子・状況を下見して把握

多くの利用者が楽しみにしている外出行事。しかし、見通しのつかないことの連続なので、不安定になってしまう人もいます。一か所の立ち寄り地で食事・トイレ・お土産購入など複数の目的を設定すると、何からしたらよいのかわからなくなる場合があります。外出行事のスケジュールを作成し、立ち寄るたびに文字や写真、絵で描かれた「トイレ」「お土産」などの予定を伝えておくと行動がしやすくなります。
また、レジャー施設等は人が多いため、事前に下見をして、どの順番で回れば混雑を避けられるか、順路も考慮しましょう。バスや電車を利用する場合、利用者の座席設定は重要です。支援者の配置と合わせて、窓側、通路側、車両の前方、後方などどこに座ると落ち着いて過ごせるか、事前に十分検討しましょう。

快適に過ごしてもらうための宿泊先での支援のポイント

宿泊を伴う行事の場合、宿選びはとても重要です。他の宿泊客への影響があると想定される場合は、貸し切りのできる宿が理想です。音を立ててはダメというのでは支援者も利用者も楽しくありません。貸切であれば、周囲に気を使うことなく、自由な時間を楽しめます。行楽シーズン以外の平日、小さめな民宿などは貸し切りやすいでしょう。館内設備を汚したり、食事への注文をする（刻んでもらうなど）など、迷惑や手間をかける場合もあるので、障害のある人が泊まること、予想されるトラブル（夜間に声を出す、部屋で飛び跳ねるなど）の内容を伝えた上で、それでも理解を示してくれる宿を探しましょう。貸し切りができれば個室を設けやすくなります。夜間に何度も目が覚めたり、自宅で一人で寝ていて相部屋では寝られない人は、個室で寝てもらいましょう。

利用者にはシンプルな行程・スケジュールを作る。文字がわからない人には写真や絵などで、時間がわからない人には活動の順番だけ示す。提示する量も1日、午前、午後、次の活動のみなど、本人の理解に合わせる

支援者用スケジュール表

● A遊園地への外出活動
○○さんはジェットコースターの音が苦手なので その近くを通るときは注意！

10:00 入園
①2列に並んでチケットを持ってもらい、各自がきっぷを切ってもらう。
②きっぷの半券はA支援者が回収。途中外へ出る可能性があるので、持っておく。
・・・・・・・・・・・
・・・・・・・・・・・・・・

利用者用スケジュール表

Ⓐ遊園地
10:00 遊園地に入園
10:30 観覧車にのる
11:00 メリーゴーランドにのる
11:30 フードコートでお昼ごはんを食べる
12:00 グッズストアでおみやげを買う
13:00 トイレに行く
13:30 園内周遊列車に乗る
14:30 バスに乗る
15:30 ○○施設に到着
15:45 家に帰る

支援者は注意事項や予想される事項など、より詳細な情報が盛り込まれたスケジュールを用意し共有する。ラミネートして首から吊り下げ、すぐ確認できる工夫をすると便利

景色を見て楽しめる人、運転手を後ろから見ていたい人、後ろの席で寝たい人、手持ちのゲームや音楽を楽しみたい人など、それぞれの過ごしかたが尊重できる座席にする

移動時間が長時間になることもあるので、快適な環境に近づけるよう座席配置は綿密に考える

掃除の活動

この日課の主な目標

- 毎日継続できる簡単な掃除の手順を覚える
- 自室や共同生活の場で活かせる掃除スキルを身につける
- 掃除の習慣を身につけて日々継続できる

支援のポイント

- 畳敷き・板張り両方の部屋の掃除の方法を伝える
- 活動範囲の掃除の経験を通じて、自室の掃除の意識を育む
- 日常的活動として毎日短時間でも取り組んでもらう

「念入りさ」よりも「方法の習得」「習慣化」を目指す

グループホームなどで自分の部屋をもつことになると、掃除は重要な日課となります。自閉症・行動障害のある人には「部屋をきれいにする」ことは概念的で、どの状態が完了なのか終わりもわかりづらいものです。まずは、「朝起きたら掃除」など、毎日の日課であるということを意識に定着してもらいましょう。

「ゴミ」の概念もわかりづらいものです。紙くずなど明確なものであれば捨てやすいのですが、ほこりなど見た目にわかりにくいものもあります。ゴミの概念を知るよりも一連の手順を覚え、掃除が実施できることに重きをおき、不足部分は支援者が仕上げをするという考え方で始めましょう。本人が毎日のルーティーンとして捉え定着すれば、より長い時間取り組み、掃除の成果も向上する可能性が出てきます。

将来に活かせる具体的な掃除の方法を習得する

支援者は、実用的な掃除方法を体得できるよう支援しましょう。例えば、掃除機かけ、フローリングワイパー、拭き掃除はどんな部屋でも使える掃除の方法です。掃除は終わりがわかりにくいので、拭く回数・時間などを決めておくとよいでしょう。

手順としては、「机を拭くこと」から始めると、前提として机の上を片づけることになり、その後の掃除がスムーズに進みます。

次に、床掃除の方法を知ってもらいましょう。まずは掃除機かけから始めましょう。最近はほうきを使う家庭は少ないため、より実践的な掃除の方法の習得を目指すなら、柄の先に使い捨てのシートがついたフローリングワイパーで掃除を覚えてもらいましょう。掃除機と同じような動きで掃除するので、同時に習得しやすく、生活にも活かしやすいでしょう。

いち、に、さん…

机拭きはふきんを使うのが基本だが、洗う・干すなど、後の工程もある。難しければ、使い捨てのウェットティッシュ等で行ってもよい

掃除は終わりをはっきりさせるのが大切。時計、タイマー、数をかぞえる、音楽が聞こえている間など、本人がわかりやすい「終わり」のタイミングを知る方法を考える

ピッ ピッ ピッ

自閉症・行動障害のある人の場合、掃除機や床の拭き掃除は、落ちているゴミを意識するよりも、隅から隅まで順にかけていく手順のほうが理解しやすい傾向がある

使い捨てのフローリングワイパーは、終わったら捨てることができるのでキリをつけやすい。廊下やリビング、ダイニングにも活用できる

●翌日の準備とスタッフミーティング●

この日課の主な目標

- 翌朝に余裕をもって迎え入れるための準備をする
- 今日の作業の進行、成果、トラブル等を分析する
- 翌日の活動とトラブルを想定し、事前に対策をとる

支援のポイント

- 翌日の利用者に対応した構造化をセットしておく
- 想定トラブルに対する支援配置・緊急時対応等を決める
- 当日中にうまくいかなかった事例をメンバーで検討する

翌日の朝を 万全な準備で迎える

利用者がいる活動時間帯は、支援者はどっしりと構えていたいもの。そのため、次の日の準備や話し合いなどは、支援と並行してはできません。利用者が帰宅した後に、明日の準備やミーティングなどを支援者が行う時間を設けましょう。

また、翌日の日課がスムーズに進むよう、前日の夕方には、スケジュール設定、机の配置、刺激の除去などの物理的構造化、作業や自立課題に取り組むためのワークシステムをセットアップしておきましょう。翌朝、利用者が施設に来たらスムーズに日課を取り組みはじめることができ、支援者も余裕をもって家族と情報交換することができます。

支援現場では、成功するかどうかは準備で8割方決まる、という意味で「準備8割」と言われます。十分な準備で利用者を迎え入れましょう。

今日のふり返りと対策の検討は 今日のうちに

自閉症・行動障害のある人を支援している施設ならば、当日中に解決できなかったトラブルや対応について、明日はどうするかと悩むことも多いでしょう。今日起きた出来事は、今日のうちにチームで共有し、行動の原因や背景を検討するようにしましょう。自分一人で抱えずチームで考えれば、自分には思いつかない解決策が出るかもしれません。

その際には、ツールとして氷山モデルシートやABC分析シート（P16参照）、自閉症の障害特性を分析するシートなどを使い、客観的に分析しましょう。使い慣れないと難しく感じますが、使い続けると慣れてきます。

思いつきの支援では、計画的に解決することができません。こうしたツールを使って、仮説ではあっても、ひとまず仮説として原因と対応策を設定し、その後トライ＆エラーで支援を進めていくのです。

同一性の保持の特性をもつ利用者の前で机等の配置を変えると、混乱を起こす可能性がある。1日の日課を終えてから支援者が配置を変更する

明日の活動を支援者が前日から把握していれば、翌日余裕をもって利用者・家族を迎え入れることができる。心の余裕は表情にも表れ、支援にも直結する

シートを用いた分析では、正しいシートの使い方にこだわると進まなくなる。不十分でもよいので事例の数を多くこなすことを目標とする

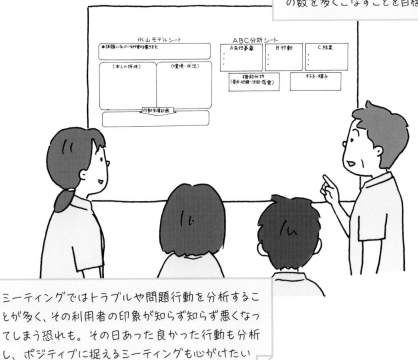

ミーティングではトラブルや問題行動を分析することが多く、その利用者の印象が知らず知らず悪くなってしまう恐れも。その日あった良かった行動も分析し、ポジティブに捉えるミーティングも心がけたい

[監修者]
志賀 利一
社会福祉法人横浜やまびこの里　相談支援事業部部長

大学卒業後、財団法人神奈川県児童医療福祉財団小児療育相談センター、社会福祉法人電機神奈川福祉センター、独立行政法人国立重度知的障害者総合施設のぞみの園勤務を経て、現職。
強度行動障害支援、障害者虐待防止法の現状と課題、発達障害者の切れ目のない支援等、国の障害施策に関連する内容に関する調査研究ならびに研修の実施などで広く活躍。
著書に『見てわかる意思決定と意思決定支援』(ジアース教育新社)、『発達障害児者の問題行動─その理解と対応マニュアル』(エンパワメント研究所)などがある。

[著者]
林 大輔
社会福祉法人大府福祉会　たくと大府施設長

同朋大学社会福祉学部卒業。同年社会福祉法人大府福祉会に入職、同法人あけび苑に着任。サービス管理責任者勤務を経て、2016年より同法人たくと大府副施設長、2017年より現職。TEACCHプログラム研究会愛知支部代表。
著書に『TEACCHプログラムに基づく自閉症児・者のための自立課題アイデア集─身近な材料を活かす95例』(中央法規出版)がある。

［制作］

企画・編集・制作 ── 編集工房まる株式会社　西村舞由子
デザイン・DTP ─── キガミッツ　森田恭行、高木瑶子
イラスト ─────── パント大吉

知的障害・自閉症のある人への
行動障害支援に役立つアイデア集　65例

2020年5月1日　　初版発行
2023年4月30日　　初版第4刷発行

監修者 ───── 志賀利一
著者 ─────── 林 大輔
発行者 ───── 荘村明彦
発行所 ───── 中央法規出版株式会社
　　　　　　　　〒110-0016　東京都台東区台東3-29-1　中央法規ビル
　　　　　　　　Tel 03（6387）3196
　　　　　　　　https://www.chuohoki.co.jp/
印刷・製本 ── 株式会社ルナテック

【本書へのご質問について】
本書の内容に関する質問については、下記URLから
「お問い合わせフォーム」にご入力いただきますようお願いいたします。
https://www.chuohoki.co.jp/contact/

TEACCHプログラムに基づく
自閉症児・者のための
自立課題アイデア集

身近な材料を活かす95例

[監修] 諏訪利明　[著] 林 大輔

B5判　並製　本文152頁　オールカラー
ISBN978-4-8058-5837-0
本体　2,200円（税別）
2019年3月発行

特別支援学校や福祉施設において自閉症の人の活動の軸となる「自立課題」。本書では、TEACCHプログラムに基づいて、身近で手軽な素材を使った作り方、日常生活での活用方法を提案します。数多くのアイデアを紹介することで、個別性に応じたかかわりを支援します。

【主要目次】

第1章　自立課題の種類と選び方

第2章　自立課題のアイデア95
　　1　身体を動かす（粗大運動・微細運動）
　　2　物を分ける（分類・マッチング）
　　3　物を入れる（プットイン）
　　4　組み立てる・物を包む
　　5　暮らしに役立てる
　　6　楽しく遊ぶ
　　7　学習に役立てる

第3章　自立課題を日課に組み入れる